"十四五"时期国家重点出版物出版专项规划项目

转型时代的中国财经战略论丛

嵌入文化差异的人员激励体系对国际工程项目管理绩效的影响研究

Research on the Impact of
Incentive System Embedded in Cultural Differences on
the Performance of International Project Management

李慧娟　著

中国财经出版传媒集团

经济科学出版社
Economic Science Press

图书在版编目（CIP）数据

嵌入文化差异的人员激励体系对国际工程项目管理绩
效的影响研究/李慧娟著 . -- 北京：经济科学出版社，
2022. 12

（转型时代的中国财经战略论丛）

ISBN 978 - 7 - 5218 - 4453 - 5

Ⅰ. ①嵌…　Ⅱ. ①李…　Ⅲ. ①激励制度 - 影响 - 国际
承包工程 - 工程项目管理 - 经济绩效　Ⅳ. ①F746. 18

中国国家版本馆 CIP 数据核字（2023）第 014214 号

责任编辑：于　源　姜思伊
责任校对：靳玉环
责任印制：范　艳

嵌入文化差异的人员激励体系对国际工程项目管理绩效的影响研究

李慧娟　著

经济科学出版社出版、发行　新华书店经销
社址：北京市海淀区阜成路甲 28 号　邮编：100142
总编部电话：010 - 88191217　发行部电话：010 - 88191522
网址：www. esp. com. cn
电子邮箱：esp@ esp. com. cn
天猫网店：经济科学出版社旗舰店
网址：http://jjkxcbs. tmall. com
北京季蜂印刷有限公司印装
710 × 1000　16 开　12 印张　185000 字
2022 年 12 月第 1 版　2022 年 12 月第 1 次印刷
ISBN 978 - 7 - 5218 - 4453 - 5　定价：50. 00 元
（图书出现印装问题，本社负责调换。电话：010 - 88191510）
（版权所有　侵权必究　打击盗版　举报热线：010 - 88191661
QQ：2242791300　营销中心电话：010 - 88191537
电子邮箱：dbts@ esp. com. cn）

总　序

　　"转型时代的中国财经战略论丛"是山东财经大学与经济科学出版社在"十三五"系列学术著作的基础上，在"十四五"期间继续合作推出的系列学术著作，属于"'十四五'时期国家重点出版物出版专项规划项目"。

　　自 2016 年起，山东财经大学就开始资助该系列学术著作的出版，至今已走过 6 个春秋，期间共资助出版了 122 部学术著作。这些著作的选题绝大部分隶属于经济学和管理学范畴，同时也涉及法学、艺术学、文学、教育学和理学等领域，有力地推动了我校经济学、管理学和其他学科门类的发展，促进了我校科学研究事业的进一步繁荣发展。

　　山东财经大学是财政部、教育部和山东省人民政府共同建设的高校，2011 年由原山东经济学院和原山东财政学院合并筹建，2012 年正式揭牌成立。学校现有专任教师 1690 人，其中教授 261 人、副教授 625 人。专任教师中具有博士学位的 982 人，其中入选青年长江学者 3 人、国家"万人计划"等国家级人才 11 人、全国五一劳动奖章获得者 1 人，"泰山学者"工程等省级人才 28 人，入选教育部教学指导委员会委员 8 人、全国优秀教师 16 人、省级教学名师 20 人。近年来，学校紧紧围绕建设全国一流财经特色名校的战略目标，以稳规模、优结构、提质量、强特色为主线，不断深化改革创新，整体学科实力跻身全国财经高校前列，经管类学科竞争力居省属高校首位。学校现拥有一级学科博士点 4 个，一级学科硕士点 11 个，硕士专业学位类别 20 个，博士后科研流动站 1 个。在全国第四轮学科评估中，应用经济学、工商管理获 B＋，管理科学与工程、公共管理获 B－，B＋以上学科数位居省属高校前三甲，学科实力进入全国财经高校前十。2016 年以来，学校聚焦内涵式发展，全面实施了科研强校战略，取得了可喜成绩。获批国家级课题项目 241 项，教育部及其他省部级课题项目 390 项，承担各级各类横向课题 445 项；教师共发表高水平学术论文 3700 余篇，出版著作 323 部。同时，新增了山东省重点实验室、山东省重点新型智库、山东省社科理论重点研究基地、山东省协同创新中心、山东省工程技术研究中心、山东省两化融合促进中心等科研平台。学校的发展为教师从事科学研究提供了广阔的平台，创造了更加良好的学术生态。

"十四五"时期是我国由全面建成小康社会向基本实现社会主义现代化迈进的关键时期，也是我校合校以来第二个十年的跃升发展期。今年党的二十大的胜利召开为学校高质量发展指明了新的方向，建校 70 周年暨合并建校 10 周年校庆也为学校内涵式发展注入了新的活力。作为"十四五"时期国家重点出版物出版专项规划项目，"转型时代的中国财经战略论丛"将继续坚持以马克思列宁主义、毛泽东思想、邓小平理论、"三个代表"重要思想、科学发展观、习近平新时代中国特色社会主义思想为指导，结合《中共中央关于制定国民经济和社会发展第十四个五年规划和二〇三五年远景目标的建议》以及党的二十大精神，将国家"十四五"期间重大财经战略作为重点选题，积极开展基础研究和应用研究。

"十四五"时期的"转型时代的中国财经战略论丛"将进一步体现鲜明的时代特征、问题导向和创新意识，着力推出反映我校学术前沿水平、体现相关领域高水准的创新性成果，更好地服务我校一流学科和高水平大学建设，展现我校财经特色名校工程建设成效。通过向广大教师提供进一步的出版资助，鼓励我校广大教师潜心治学，扎实研究，在基础研究上密切跟踪国内外学术发展和学科建设的前沿与动态，着力推进学科体系、学术体系和话语体系建设与创新；在应用研究上立足党和国家事业发展需要，聚焦经济社会发展中的全局性、战略性和前瞻性的重大理论与实践问题，力求提出一些具有现实性、针对性和较强参考价值的思路和对策。

山东财经大学校长

2022 年 10 月 28 日

前　言

转型时代的中国财经战略论丛

　　随着中国"一带一路"倡议的提出，加上中国正在大力推动的"走出去"发展战略，越来越多的中国企业走出国门，参与到国际工程建设。在国际工程项目管理过程中，人员来自不同的国家，其背景文化有较大差异，对于人员激励体系构建产生巨大的影响，人员激励体系的完善与合理，又会提高项目人员的工作热情。因此，如何从嵌入文化差异的角度，构建合理的人员激励体系，提高项目人员的工作积极性，进而对国际工程项目管理绩效产生正面影响，是当前国际工程项目管理研究的重点之一。目前这方面的研究比较薄弱、分散且不成体系，这就更加体现了本书所研究内容的重要意义。

　　本书以省级社科基金为依托，结合笔者熟悉的工作领域，对嵌入文化差异的人员激励体系对国际工程项目管理绩效的影响进行研究，研究过程中采用了扎根理论、层次分析、结构方程等多种方法。本书的逻辑结构是：通过绪论部分介绍本书研究的背景和意义，概括研究内容和方法，绘制研究技术路线图，并提出研究的创新点；在理论基础与文献综述部分，先介绍本研究的理论基础，再总结评述本研究的相关文献，包括文化差异、人员激励体系以及国际工程项目管理绩效这三个核心概念的相关研究，最后对三个核心概念相互作用机制的研究进行综合论述与分析，寻找研究空白以及本书的主要研究核心点。第3章则以国际工程项目人力资源激励的特点入手，阐明人员激励体系构建的一般原则，进而以扎根理论构建嵌入文化差异下的人员激励体系框架，并基于层次分析法对国际工程项目人员激励体系指标做出评价，分析其结构特征；第4章在理论分析的基础上，汇总相关变量相互作用的相关研究结论，从而提出理论假设，进而构建嵌入文化差异下人员激励体系对国际工程项目管理绩效影响的理论模型；第 5 章在问卷调研获取基础数据并进行预处理基础上，完成文化差异下人员激励体系对国际工程项目管理绩效影响模型的实证分析与假设检验；第 6 章对研究内容进行总结，得出嵌入文化差异的人员激励体系改善国际工程项目管理绩效的管理启示，并阐明本研究存在的不足与局限，同时对未来研究进行展望。

本书研究的主要内容：

（1）构建了嵌入文化差异的人员激励体系。分析了文化差异对国际工程项目管理绩效的影响，以及国际工程项目人员激励体系的特点，论述了人员激励体系构建的原则，并以扎根理论为出发点，建立嵌入文化差异的国际工程项目人员激励体系，通过选择尼日利亚水泥厂项目作为后续调查的重要样本来源，以层次分析法进行人员激励体系的结构分析，其中，指标间不同的权重关系表明内在性激励和外在性激励的不同手段在文化差异作用下存在明显差异。

（2）构建了嵌入文化差异的人员激励体系对国际工程项目管理绩效影响的理论模型。本书以综合激励模型为基础，从内在性激励和外在性激励两个方面建立人员激励体系，进而通过汇总相关变量间的相互作用提出理论假设，构建人员激励体系对国际工程项目管理绩效影响的理论模型。在模型中，嵌入文化差异后，人员激励体系通过工作绩效这一中介变量，以及文化差异、公司制度这两个调节变量，来影响国际工程项目的管理绩效，而员工素质、领导能力和合作信任这三个变量则起到控制作用。其中，国际工程项目管理绩效可以用项目成果、建设效率、成员满意度、社会影响、环境影响来衡量。

（3）完成了嵌入文化差异下人员激励体系对国际工程项目管理绩效影响的理论模型的实证分析，其本质是通过结构方程来实证分析检验理论假设与数据结果是否相符。从实证分析的研究结果来看，理论假设与数据结果是相符合的。在国际工程项目管理绩效体系中，内在性激励和外在性激励对工作绩效存在正向直接影响；工作绩效对国际工程项目管理绩效存在正向直接影响；内在性激励和外在性激励对国际工程项目管理绩效存在正向间接影响；文化差异对人员激励体系对工作绩效和工作绩效对国际工程项目管理绩效的影响效应存在负向调节作用，其本身对工作绩效和国际工程项目管理绩效存在负向影响；公司制度对人员激励体系对工作绩效和工作绩效对国际工程项目管理绩效的影响效应存在正向调节作用，其本身对工作绩效和国际工程项目管理绩效也存在正向影响；员工素质、领导能力以及合作信任对国际工程项目管理绩效都存在正向直接影响。

本书所获得研究结果表明嵌入文化差异的人员激励体系，在国际工程项目管理中其内外部激励的影响效果有明显差异。同时，外在性激励对国际工程项目管理绩效的影响作用要大于内在性激励，这和传统（非国际化）工程项目的相关结论有所区别，这也是由文化差异对人员激励体系和国际工程项目管理绩效的影响不同所造成的。所以，减少文化差异带来的文化冲突、加强不同国籍员工之间的交流沟通、建立科学有效的公司制度对于提高人员激励体系对国际工程项目管理绩效的促进效果具有重要价值。此外，本书的研究结论能够为复杂的国际工程项目管理绩效评价体系以及人员激励体系构建提供依据，指导企业更好地构建有效的人员激励体系中的各项指标，在文化差异下调节内外部激励手段的设置与实施，以求推动项目人员工作绩效，继而实现国际工程项目管理绩效的提升。

目 录

第1章 绪 论

1.1 研究背景和意义

1.1.1 研究背景

随着我国经济的不断发展，国际工程项目也不断增多，在国际工程项目实施过程中，由于多种因素的影响，不同国籍员工在实施工程项目的过程中其需求存在很大的差异，这就导致构建激励体系时必须进行充分的考虑，这样才能更好地满足不同国籍员工的需求。从现阶段针对这一方面的研究来看，已经有一部分学者针对国际工程项目管理绩效进行了分析，也有一部分学者针对不同国籍员工的绩效体系建设进行了研究，但是针对国际工程项目管理绩效研究成果中不同国籍人员激励体系建设研究还存在空白，因此针对这一方面加强研究非常关键。现阶段这一问题主要体现在以下几个方面。

1. "一带一路"下的国际工程项目发展现状

2013年，我国提出"一带一路"的倡议，通过构建丝绸之路经济发展带，并加快构建海上丝绸之路，进而带动了我国经济和区域经济的快速发展。随着"一带一路"倡议的不断深入推动，我国经济的不断发展，我国参与到沿线国家基础设施建设项目中的力度不断加大，由此带来的国际工程量不断上升，实现了我国与其他国家交流的不断深入。"一带一路"政策的实施不仅为我国国际工程发展指明了方向，同时也是我国外交战略的重要组成部分。从当前我国"一带一路"发展情况来看，目前所涉及的国际化工程领域不仅涵盖基础设施领域，同时还包含了其他工程项目。基础设施建设项目的不断增多，标志着我国"一带一路"政策发展的成功，对于推动我国国际工程项目发展发挥了重要的作用，对国际工程项目承包企业的发展有着非常积极的意义。

随着我国"一带一路"倡议的不断深入推动，我国对外承包工程数量不断攀升，同时国际工程项目营业额也在不断提高。国家发改委统计数据显示，截至 2017 年底，我国对亚洲地区承包工程项目营业额从 2012 年的 542 亿美元上升到 2017 年的 1264 亿美元，同时面向欧洲的项目承包合同量也从 2012 年的 70 亿美元上升到了 2017 年的 154 亿美元，面向非洲的国际承包合同量从 2012 年的 55 亿美元上升到 2017 年的 198 亿美元。[1][2] 相应的国际工程项目数量也在不断的攀升，这些数据虽然并不能完全反映"一带一路"所带来的巨大推动力，但是通过以上数据我们不难看出，在"一带一路"的推动发展下，我国国际工程项目量在飞速提升。随着我国经济多元化发展趋势越发明显，很多企业秉承"走出去"战略，在国际工程市场中扮演着越来越重要的角色，这也成为推动我国经济发展的重要推力。我国国际工程企业已经开始在国际工程市场中崭露头角。根据美国《工程新闻记录》中 2017 年的数据统计，2017 年国际工程承包商达成的年营业额已经超过了 4000 亿美元，而中国在国际承包商中所占的比重是比较大的，每年都有超过 50 家企业入选国际承包商前 200 强企业。从这一点不难看出我国在国际工程市场中的巨大发展潜力。

虽然我国国际工程承包项目在飞速发展，但是其中存在的问题也非常的突出，比如企业与企业之间的竞争变得日趋激烈，尤其是在和国外企业进行竞争的过程中，我国企业为了能够不断寻求发展机会，不得不通过价格优势来吸引国外项目方。同时我国企业在国际工程发展过程中所表现出来的管理问题越发的突出，对于企业的发展产生了不利影响。由于很多企业在国际项目管理中对于地区法律、社会背景以及文化差异

---

① 中华人民共和国商务部. 2012 年度中国对外直接投资统计公报［M］. 北京：中国统计出版社，2012.

② 中华人民共和国商务部. 国家统计局，国家外汇管理局. 2017 年度中国对外直接投资统计公报［M］. 北京：中国统计出版社，2017.

等不够熟悉，由此给国际工程项目管理带来了巨大的影响。总体来看，导致这一结果出现的原因在于我国在国际工程项目承包过程中对于人力资源管理中存在不足，因此加强这一方面的研究非常必要。

2. 中国国际工程人才需求问题

人才队伍建设是我国经济发展过程中关注的焦点，由于我国市场经济发展时间不长，因此从整个市场环境来看，对于高端人才的吸引力比较小，因此长久以来我国人才队伍建设相对迟缓，人员紧缺问题一直是困扰我国社会经济发展的关键因素。近年来我国政府开始加大对人员发展战略的投入，通过内部加强人才队伍培训、外部加强人才吸引等多种举措，吸引了更多的人才。在众多措施的引导下，我国在人才队伍体系建设方面已经取得了一定的成绩。但是从人才结构发展来看，结构科学化问题依然表现严峻。在当前发展背景下，如何更好地实现人才队伍建设发展，同时加强人才队伍建设中的薄弱环节，是当前必须要思考的问题。

国际工程市场竞争非常的激烈，从我国国际工程企业发展来看，其整体综合实力与其他国际工程企业还存在一定的差距，在世界排名中变化幅度比较大，甚至有些企业在管理过程中由于经营管理不善，最终导致破产的情况也非常多。从国际工程企业竞争情况来看，其中的影响因素有很多，除了基本的市场因素以外，同时也包含了技术、企业内部管理等因素，其中企业人员因素是主要影响因素。从当前我国国际工程人员发展情况来看，因人才的稀缺，各大企业对人才的需求非常大，并且随着我国国际工程市场快速发展，我国在这一方面的人才缺口愈发严重。从当前我国建筑工程人才来看，总工程人才已经达到了 4000 万人，但是从人才结构情况来看，其中专业化管理人员和技术人才所占比重还不到 5%，相比国际上其他发达国家来说还存在明显的差距。① 在国际工程项目中，人才需求不断增长，尤其是对于各种高端人才需求在不断增大。从人才招聘情况来看，对于普通人才的招聘可以通过传统招聘方式来获得，同时也可以通过海外招聘的方式来获取，尤其是在海外投资过程中，从工程项目所在地招聘员工已经成为必然选择，然后将其培养成为企业核心人才，不过在这一方面我国目前还面临着诸多的问题。

---

① 李启明，邓小鹏，吴伟巍等. 国际工程管理［M］. 南京：东南大学出版社，2019.

首先，从国际工程发展来看，由于国际工程项目相比传统项目更加复杂，除了项目本身具有一次性和独特性之外，同时唯一性也是其最主要的特点，加上国际工程往往涉及跨学科领域，这些特征决定了国际工程项目往往需要高素质复合型人才才能够承担相应的任务。从当前国际工程人才发展来看，复合化、外向型、开拓型人员是企业发展需求的关键点。从发展角度来看，复合型人才一方面需要具备工程方面的专业化技能和知识，另一方面还需要具备很好的外语交流能力，更为关键的还需要熟悉国际惯例，并具有非常强大的市场开拓能力，这些都决定了国际工程建设过程中所需要的人员综合素质必定非常高，企业在人员培养方面的力度也就非常大。

其次，近10年来随着我国经济规模不断提升，其在国际工程市场中所扮演的角色越来越重要，由此带来的人才瓶颈问题也变得越发的突出。从当前发展来看，目前我国国内已经开始培养专门国际工程人才，很多学校也纷纷开设了国际工程专业，但是一直以来所培养的人才依然存在供不应求的情况，很多企业为了抢占先机，已经与高校构建了良好的合作关系。因此就这一点来看，国际工程专业化人才发展依然难以满足企业国际化发展的需求，单纯地依靠高校培养人才已经无法满足企业发展需求，必须要通过多种途径来寻求人才发展，并通过合理的人才激励体系来实现企业自身人力资源的合理开发。

最后，虽然我国已经通过高等教育来积极应对当前国际工程发展中面临的人员问题，但是从发展实际情况来看，依然没有能够很好地解决问题。鉴于这一点，很多企业实现了多元化人才招聘，采用国际招聘的方式积极引进国外人才，并采用多元化的教育培训和激励体系来实现人力资源开发。目前一些大型国际工程企业如中信国华、中铁建等企业在国际人才培养方面已经有了比较丰富的经验，所招聘的人才来自很多国家，用以满足企业工程发展所需。但是从当前国际工程项目培训体系来看，其中还存在很多不完善的地方。因此，从上述分析可以看出，国际工程发展过程中所面临的人员问题已经成为当前国际工程管理面临的首要问题，加强国际化人员的引进和激励成为很多企业关注的重点。

3. 文化差异下的人员队伍建设面临的挑战

随着企业国际化发展步伐的加快，我国国际工程量不断提升，企业在发展过程中所招聘的人才不断增多。从当前整个国际化经济发展情况来看，各个国家在经济、科技、国防等多个方面已经实现竞争发展，而从根本来看依然是人员的竞争。随着我国"一带一路"建设步伐的加快，这种国际化人才争夺战表现得越发激烈，在这场没有硝烟的战争中，人才的获取决定了企业的发展，同时也决定了国际工程发展的最终质量。人才流动过程中呈现出一定的"马太效应"，人才越多的地方所吸引到的人才也就越多，而相反人才越少的地方所能够吸引到的人才也就越少。具体来看，目前发展中国家人才正在一点点流向发达国家，而不发达地区的人才正在流向发达地区。人才流向与一个国家的经济发展环境以及整体经济实力有很大的关系。从全球人才争夺情况来看，发达国家所表现出来的优势非常强大，尤其是以美国为首的欧美国家在发展过程中所表现出来的优势非常明显，而发展中国家所表现的劣势尤为突出。中国在进入 21 世纪之后，尤其是随着"一带一路"建设步伐的加快，人员需求问题越发突出，因此我国在国际人才争夺中也在不断加大力度，国家出台了一系列的政策，吸引了越来越多的人才进入我国，而非洲作为我国经济对外投资的重要地区，在我国对外发展战略中有着极为重要的地位。人才作为社会和企业发展的根本，是当前社会最主要的生产资源，这一资源对于推动社会发展有着极为重要的意义，因此各国政府在推动人才激励体系建设方面不遗余力。对于国际工程项目来说，由于在推动项目实施过程中需要的人才数量非常大，这些人才的供给显然不可能只依靠国内人力资源，同时也需要从项目所在地区寻求人力资源支持，因此要实现发展就必须要在推动国际工程发展过程中注重本土化发展。早在 2003 年我国政府就指出人才发展战略在国际化发展中的重要性，为了推动企业和国家发展，加快推动人员发展战略，企业必须以吸收国际人员为其发展的基本方向。

从我国经济发展实际情况来看，非洲地区的投资一直是我国投资重点，由于非洲地区的经济发展相对落后，因此对于基础设施的需求非常旺盛，我国在非洲地区的国际工程项目非常多，这一点决定了我国在国际工程发展中必然会以非洲市场作为重点，开展相应的工作。从非洲本地区招聘人才成为企业发展的重要方式，这就导致我国很多国际工程企业中有着大量的非洲面孔，所以人才发展下的文化差异所带来的管理难题也变得越发突出。而在这样的背景下，文化差异带来的管理模式变化也对企业的发展产生了很大的影响，文化差异化的企业管理成为困扰很多企业管理者的难题。从当前中国企业式管理以及西方先进管理模式来看，针对不同文化背景下的企业人力资源激励管理所表现出来的劣势越发突出。而从另外一个角度来看，对于国际工程项目来看，高素质人才和优秀人才队伍建设，已经成为工程实施的关键点，而人力资源则是企业发展的核心内容，对于工程项目管理绩效有着极为重要的影响。

4. 文化差异下的人力资源激励与国际工程项目管理问题

从现阶段我国国际工程项目发展来看，在发展过程中受到人才因素影响非常突出。在项目管理过程中，由于项目管理方的所有管理工作都需要人来完成，而由于目前很多国际工程项目人才来自不同的国家，文化差异下的企业人力资源激励问题也就成为关键。如果企业无法合理处理其中的关系，那么很可能会导致企业很难推动人员建设和人力资源激励机制的实施，进而导致一系列问题出现。从国际工程管理角度来看，人员的复杂化发展是必然趋势，随着企业"走出去"战略的实施，企业为了能够获得更多的人力资源，必然会从国内以及项目的所在国寻找员工，将不同国籍背景下的员工纳入一个共同的管理体系中，其所带来的冲突可想而知。从文化、社会差异角度来看，中国与非洲员工所处社会背景存在很大的差异，在这种较大的文化差异背景下，两国员工在需求方面存在巨大的差异。不过从企业绩效管理体系发展原则来看，公平化发展是重要原则之一，因此在构建人员激励体系的过程中，如何才能通过不同的激励体系，实现对中非双方员工的激励同时还要体现公平化原则，这是所有管理者必须要思考的问题。对于国际工程项目管理来说，人力资源发展是保障工程项目管理绩效水平提升的关键。在这样的背景下，如何才能在文化差异背景下做好人力资源激励工作，进而为国际工程绩效提升提供助力，在这方面目前还存在着研究空白，这就导致了很多问题的出现。

首先，从理论发展角度来看，对于国际工程发展过程中的人员问题，市场一直在通过自己的力量不断地进行完善与调整。企业在发展过程中通过不断招聘的方式来吸收更多的国际化人员。但是在这一过程中如何实现文化差异下的人员激励体系建设这一主要问题并没有得到有效解决。再加上当前在这方面还很少有人进行研究，因此相应的理论研究滞后问题非常突出，如何才能更好地针对不同国籍员工建立更有效的激励体系，成为很多国际企业管理过程中面临的难题。

其次，从当前国际工程发展来看，在工程管理的过程中，由于文化差异带来的人力资源激励也存在很大的差异，而这种文化差异会反映到日常工作中。从激励理论来看，在人力资源激励过程中，不同员工的需求存在很大的差异性，尤其是不同的文化差异所带来的激励需求差异表现得更加突出。另外，由于员工在发展过程中激励的效果与工作绩效之间有着必然的联系，而工作绩效又会再次传导到整个工程项目方面，因此如何更好地实现不同文化背景下的人员激励体系建设，成为当前国际工程管理过程中关注的重点。从企业管理角度来看，文化差异所带来的管理难度不断上升，同时文化差异背景下的人员激励体系建设也变得越发重要，是保证国际工程项目稳步实施的关键。

1.1.2 研究意义

1. 理论意义

人力资源是企业的第一资源，同时也是企业发展过程中的一种可再生资源，在企业不断发展的过程中，人力资源作为企业战略性资源的一部分，在企业发展中发挥着重要的作用。而随着企业国际化发展步伐的加快，文化差异以及文化差异带来的企业人力资源管理难度的上升，对于很多企业来说都是一个巨大的挑战。激励作为人力资源管理中的重要组成部分，是心理学研究的重点，同时也是激励员工行为的一个重要方面，所以说激励体系的构建是企业人员管理的重点，同时也是人力资源管理的重要组成部分，更是学术界研究的焦点。但从现阶段国际工程发展中的文化差异及文化差异背景下的企业人员激励体系构建研究情况来看，其面临的理论缺陷仍有许多。在理论研究过程中，不同文化差异背景下的员工在需求、工作价值观以及对待奖励的态度等各个方面均存在着巨大的差异，而如果员工价值观接近，那么自然在管理方面难度就很小。但现实是不同的文化差异所带来的员工价值观差异很大，因此在这样的背景下，必须要针对不同文化背景的员工需求进行理论分析，进而给予他们不同的激励体系，这样才能更好地为实际管理工作提供指导。

7

因此就这一点来看，针对文化差异背景下的人员激励体系建设对国际工程项目管理绩效影响进行分析，一方面能够对其中存在的关系进行理论方面的研究，进而为企业寻求文化差异背景下的激励体系建设提供理论指导，另一方面也能够进一步就国际工程项目管理绩效的影响机制进行研究，进而为国际工程企业的发展提供更加完善的理论发展依据。

2. 实践意义

当今世界已经进入到知识经济发展时代，企业在发展过程中所面临的人员竞争压力越来越大，尤其是在国际化发展的进程中，国际人才的引进成为很多企业关注的焦点，而对于我国企业来说，人才竞争同样非常的重要。从世界 500 强企业的发展来看，吸引人才和建立合理有效的激励体系，是企业发展的关键，科学化的人才激励体系建设对于促进工程项目管理绩效能够产生积极影响，因此是企业人才发展战略中的基本组成部分。通过研究文化差异背景下的企业人才激励体系建设对于实现企业竞争力的提升发挥着非常重要的作用，同时对于实现国际工程项目管理绩效的提升也有着积极意义。

首先，从国际工程项目管理发展来看，人才是项目管理的基础，同时也是工程项目管理绩效提升的关键。在国际工程项目企业中，人才发展已经成为制约企业发展和工程建设的重要因素，越来越多的企业开始针对国际工程项目制定更加完善的人才激励体系，但是由于目前很多企业缺乏这一方面的经验，同时在这一方面企业缺乏有效的案例做参考，因此当前的人才激励体系在使用中还面临着诸多的制约因素，因此加强对国际工程管理中的不同文化背景下企业人才激励体系建设，对于促进企业发展、实现国际工程项目管理绩效水平的提升具有重要的作用和意义。

其次，国际工程项目中人才激励体系的完善与发展对于提升国际工程企业的整体发展竞争能力有着极为重要的影响。从 21 世纪企业发展竞争方式来看，已经出现了根本性的改变，企业在发展过程中所具备的传统竞争优势越发的薄弱，比如说资本优势、规模优势等，对于企业的持续化发展都很难再产生持久发展的动力。作为企业创新发展的根本，人才在企业发展中所发挥的作用越来越大，尤其是在国际工程项目管理绩效中表现得越发突出。对于企业来说，知识和技能就是能够不断传承的资源既代表了一个企业的核心竞争力，同时也是国际工程项目管理绩效提升的关键。建立更加完善的多元文化背景下的企业人员激励体系，对于实现国际工程企业的整体竞争优势具有积极的意义。

最后，在企业发展过程中，针对国际工程人才激励体系进行研究和完善，是完善企业人力资源管理体系的重要环节。从当前发展来看，虽然已经有很多的企业开始意识到企业人才激励体系的建设对于企业国际工程建设的重要性，同时也认识到建立国际一流的人才激励体系是一个较为复杂的问题。但是在实际企业管理过程中，很少有企业投入巨大的资金对此进行专门的研究，因此当前企业在人力资源管理体系和激励体系建设方面还存在很多的不足，尤其是文化差异背景下，不过不同国籍员工在激励中的需求存在差异，导致很多企业在激励过程中表现出的矛盾较多，自然人力资源质量也就难以得到有效的保障。而针对文化差异背景下的人才激励体系的构建对国际工程项目管理绩效的影响机制进行分析，对于完善企业人力资源管理体系具有积极意义，同时也对国际企业的人才储备和人力资源发展产生了积极的影响。

1.2　研究内容、技术路线和研究方法

1.2.1　研究内容

本书主要针对文化差异背景下的人员激励体系构建及其对国际工程项目管理绩效所产生的影响进行相应的分析研究，共划分为六个章节内容。

第 1 章，绪论。主要针对文化差异背景下的人员激励体系以及国际工程项目管理绩效问题产生背景进行相应的分析研究，并就本书研究的意义、相关的研究方法和研究内容安排与技术路线等方面进行相应的介绍阐述。

第 2 章，理论基础与文献综述。对本书研究的三个关键变量——"人员激励体系""文化差异"和"国际工程项目管理绩效"进行相关概念界定和理论研究综述，并逐一介绍当前文化差异对人员激励体系的影响、人员激励体系对国际工程项目管理绩效的影响以及文化差异对国际工程项目

管理绩效的影响，这三个重要的变量相互作用关系，在这样的综述基础上，本书发现基于文化差异下人员激励体系对国际工程项目管理绩效的影响的相关研究还比较缺失，于是这成为本书的一个重点研究方向。

第3章，在第2章论述的基础上，通过分析国际工程项目人力资源激励的特点引出文化差异下人员激励体系的构建原则，进而通过扎根理论完成嵌入文化差异的人员激励体系框架构建。为了更好地认识人员激励体系的结构特征，对一个具体工程项目案例的激励体系，以层次分析法获得其内外部激励细分指标间的权重大小与关系，对人员激励体系的构成和内部相互关系进行梳理，其量化结果将对后文的实证模型起到一定的支撑作用。

第4章，构建嵌入文化差异的人员激励体系对国际工程项目管理绩效影响的理论模型，并根据对相关研究的综合整理，提出模型的相关假设，即首先对理论模型中文化差异及公司制度等概念及其衡量进行一般性论述，在此基础上，通过整理相关研究成果，对模型中各变量（文化差异、公司制度、工作绩效、员工素质、领导力等）对国际工程项目管理绩效的不同作用机理进行理论分析，以此提出理论模型的八个相关假设条件。最后以综合激励模型建立人员激励体系对工作绩效的影响模型，再次结合第3章构建的人员激励体系以及国际工程项目管理绩效评价体系，综合完成理论模型的构建。

第5章，嵌入文化差异的人员激励体系对国际工程项目管理绩效影响的实证分析。首先进行问卷设计和调研访谈，在调查数据分析和预处理的基础之上，对调研结果进行描述性统计分析，对统计结果进行概述。然后在人才激励体系对项目管理绩效影响的理论模型的基础上，在未加入文化差异和公司制度调节变量和加入调节变量两种情形下，分别构建结构方程模型，实证检验理论假设的正确性，并对实证结果进行分析阐述。

第6章，对本书研究的结论进行概括，结合实证结果对人员激励体系提出优化措施，对改善国际工程项目管理绩效的方式方法进行综合阐述，然后阐明本书研究的局限性，对研究中的不足之处，未来可能的研究方向进行展望。

1.2.2 研究技术路线

本书在研究过程中，从理论和实践两条线的工作展开。理论研究主要从相关文献以及理论基础进行综述。同时，理论研究结合实践调查确定了三大核心研究变量，即文化差异、人员激励体系以及国际工程项目管理绩效。首先，通过对相关理论整合和研究成果的总结确定总体分析框架，确定了对文化差异下人员激励体系对国际工程项目管理绩效的影响机制研究这一核心命题。其次，以扎根理论完成人员激励体系的构建，并通过对一个案例的层次分析得到的量化结果为实证分析奠定基础，也进一步对人员激励体系的结构化特征有了清晰认识。再次，通过对模型的相关理论、文献的进一步研究确定变量间的作用关系，提出了文化差异在人员激励体系影响项目管理绩效的调节作用、工作绩效的中介作用，以及员工素质、领导力和合作信任对项目管理绩效的控制作用，由此形成理论假设，并完成理论模型的构建。另外，结合实证调研的问卷结果，在预处理和相关分析的基础上，形成有效的数据基础，进而对理论模型进行实证分析与假设检验，通过对比分析获得相关的量化结论，逐一验证了理论假设的正确性，而后进行对策建议与讨论，如图 1 - 1 所示。

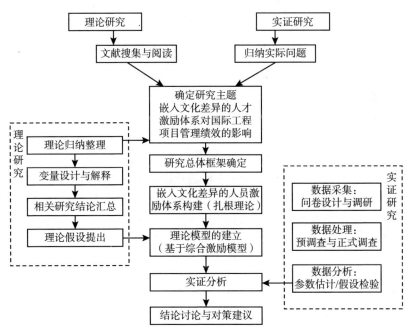

图 1 - 1　本书技术路线图

1.2.3 研究方法

1. 文献分析法

本书在研究过程中，通过查阅相关纸质或电子资料，对企业人力资源管理、人员激励体系构建、文化差异、国际工程项目管理绩效等多个方面的问题进行相应理论证据的收集，并对所收集的资料进行梳理，同时就各个学者所提出的不同观点进行分析研究，进而对当前在企业人员激励体系以及国际工程项目管理绩效影响机制等方面的研究方向、研究内容、研究进度等进行深入探讨，为本书的研究奠定扎实的理论基础。从获取资料途径来看，主要包括网络和图书馆，其中网络资料主要来自中国知网、万方数据库等网络资料库。

2. 层次分析法

本书采用了层次分析法，对"文化差异背景下人员激励体系对国际工程项目管理绩效的影响"这一复杂问题进行分析，从而将目标逐层分解为若干的层次，通过定性和定量分析的方法，构建系统化的分析框架和内容。为了能够更好地对相应问题进行分析研究，本书在研究过程中采用了半结构化访谈研究方式为层次分析法做铺垫，即对企业管理、国际工程管理等方面的专家学者进行访谈调查分析。在研究之前制定了一个简略的访谈提纲，对所要提及的问题进行粗略的预计。在进行实际调查的过程中，根据访谈的具体情况进行及时的调整。在具体访谈过程中，并没有对具体的提问方式、手段进行提前安排，同时也没有就具体的访谈时间进行限定和要求，这样可以根据实际情况及时进行灵活的调整，最终对访谈调查结果进行统计整理，了解不同学者专家在这一方面的看法，以便从更深层次来分析问题。

3. 实证分析

本书在分析过程中，通过采用问卷调查研究的方式对国际工程企业中人员激励体系构建情况以及企业在国际工程项目过程中的管理绩效情况进行调查取样，根据调查结果分析其中存在的内在联系，以及人员激励体系对国际工程项目管理绩效影响的机制，进而将调查数据进行预处理后，采用了实证研究的方式，在构建模型基础之上即通过"嵌入文化差异人员激励体系对国际工程项目管理绩效影响机制模型"的理论模型方程的构建，并结合理论基础提出相应的模型假设，针对嵌入文化差异的人员激励体系对国际工程项目管理绩效影响进行分析研究及假设验证，最终得出相应的结论。

4. 扎根理论

在文本分析过程中，本研究采用扎根理论的方法分析获取的资料，包括通过调研获取访谈记录手稿、问卷、公司文件资料等，再集中整理出国际工程项目人员激励体系的记录性文字材料来进行分析、编码，并由此构建嵌入文化差异的人员激励体系的主要框架。

1.3 研 究 创 新

本书结合国际工程项目的周期长、文化差异大、变化较多等特点，从社会学、管理学等多个角度建立国际工程项目管理绩效的评价体系，相对于以往研究仅仅从项目的完成结果方面评价项目管理绩效，本书所建立的评价体系不仅包括了项目的结果，还纳入了项目建设过程产生的影响变量、中介变量、调节变量等，从而使评价得出的结果能够更加完善、全面地反映国际工程项目建设周期内的综合变化及其影响机制，为决策者在国际工程项目建设周期内的各阶段，应对不同变化，提供了理论支撑和决策依据。

本书基于综合激励模型，通过扎根理论构建嵌入文化差异的人员激励体系，及其对国际工程项目管理绩效影响的理论模型（重点搭建了人员激励体系对项目管理绩效的影响路径），并引入文化差异对于影响路径的调节作用，同时考虑了其他重要控制变量的影响。相较以往研究构建的影响模型，本书建立的模型既保留了经典模型的精华部分，又进行了相应的简化和修改，突出了研究的重点。以往研究中的国际工程项目管理绩效常作为一个不可观测变量，而本书通过因子分析方法综合评价国际工程项目管理绩效，然后基于嵌入文化差异下的人员激励体系对国际工程项目管理绩效的影响模型，来建立结构方程模型，同时利用因子分析法综合评价获得的项目管理绩效评分，实证分析对国际工程项目管理绩效有重要影响的各类相关因素及其影响规律。在分析过程中，大量运用工程管理理论、人力资源激励理论。在理论分析基础之上，将人力资源激励理论与工程管理理论相结合，就人力资源激励与工程管理之间存在的联系以及影响因素进行分析，为后续实证研究奠定理论基础。

以往的相关研究分析大多集中在文化差异、人员激励体系和项目管理绩效这三者间相互作用，而本书则将三者联系起来，综合分析文化差异调节作用下，人员激励体系对于国际工程项目管理绩效的影响机制，这对于日益增长的国际工程项目而言，具有极强现实指导意义和创新性，有助于我国"走出去"的大型企业在项目管理中充分运用人员激励体系，把握文化差异控制文化冲突，从而提升项目管理绩效并改善结果。

第2章 理论基础与文献综述

关于人员激励体系、文化差异和项目管理绩效等方面的研究一直以来是学术界关注的重点内容。目前在这一方面已经有很多的学者建立了相关理论体系，且较为完备，如经典的激励理论和文化差异理论等。本章将从激励理论出发，进而关注文化差异和人员激励体系、人员激励体系与国际工程项目管理绩效、文化差异与国际工程项目管理绩效间的作用关系，从而为下文的体系、模型构建研究奠定理论基础。

2.1 理论基础

2.1.1 激励理论

1. 激励理论概述

自从 20 世纪 30 年代开始，大量的管理学者以及心理学家等，从管理实践角度出发提出很多的激励理论，并将激励理论划分为行为激励理论、认知激励理论和综合激励理论。

从激励理论的内涵来看，应将其归属于管理心理学的范围。早期针对激励理论进行的研究，主要是对员工需求进行解答，重点是寻求激发员工工作积极性的途径和方法，在这一方面的研究包含了很多理论，其中最著名的理论包含了马斯洛的需求层次理论[①]、赫兹伯格的双因素理

---

① 马斯洛著. 许金声等译. 动机与人格 [M]. 北京：中国人民大学出版社，2013.

论①等。从马斯洛的需求层次理论来看，人的需求包含了五个层次，从最基础的物质需求，到最终的自我价值实现需求，每一个层次需求之间有着紧密的联系，同时也有着清晰的层次区分。不同的需求按照重要性可以进行排列，只有在上一层次的需求获得满足之后，下一层次的需求才能够达到激励的目的。

需求层次理论认为，只有当人产生满足需求的欲望，才能够实现组织目标，也就是通过设置一定的目标，进而激发人的行动，最终才能达到良好的激励效果，而在这一方面还包含了期望理论、目标设置理论、公平理论等。

2. 激励理论学派

从激励理论发展来看，可以划分为行为主义学派、认知学派以及综合型学派。从行为主义学派角度来看，在 1920 年左右美国产生了一种行为主义心理理论学派，最重要的创始人是华生。从行为主义理论来看，管理过程本质上就是激励，通过激励方式的运用诱发个体行为。在刺激—反应这样的理论指导之下，管理者的任务就是寻找一套有效的激励手段来对被激励者进行刺激。而新行为主义学者在研究中提出了操作性条件反射理论，这一理论中认为，在进行激励过程中不仅依靠刺激变量来达到刺激的目的，同时还需要考虑到中间变量的关系，也就是人的主观因素。具体来说，也就是在激励的过程中，需要考虑到除金钱之外的其他的刺激因素所产生的影响，同时还需要考虑到劳动者的主观因素需求。② 根据行为主义理论来看，激励手段的选择应当要从心理学角度出发，深入到物质需求和精神需求方面，实现个体需求与组织发展之间的协调。根据行为主义理论观点，个体的行为不仅仅受到刺激感知的影响，同时也会受到行为结果的影响，如果说，行为结果有利于个体，那么这时候就会起到激励强化的作用。如果结果不利于个体，这时候就会导致激励效果的消失。因此在进行激励的过程中，通过合理运用各种表扬、奖励、否定等手段，实现对行为主体的行为产生控制或转变，进而

---

① 赫茨伯格，莫斯纳，斯奈德曼著. 张洪译. 赫茨伯格的双因素理论［M］. 北京：中国人民大学出版社，2016.

② 梁阜，贾瑞乾，李鑫. 薪酬体系设计的新理念——基于综合运用激励理论的视角［J］. 东岳论丛，2013，34（4）：131 – 135.

达到引导的效果。

从认知学派角度来看，这一理论主要强调的是，行为是人的神经系统对于客观事物的反映，而这并不是符合人的心理发展轨迹，在对人的行为进行思考的过程中，必须要从人的内在因素和外在因素角度出发，从思想意识、兴趣以及价值等多种角度出发，找出人的行为影响因素。另外认知学派激励理论还指出，激励的根本目的是为了将消极行为逐步转变成为一种积极的行为，进而达到预定组织发展目标，并取得更好的效益。因此在激励的过程中，需要进一步就如何改造和转变人的行为进行分析。从斯金纳的操作反射理论角度和挫折理论来看，人的行为出现是基于人的内部认知和外部环境影响下的结果，因此只有同时改变外部环境以及内部认知，才能够达到改变行为的目的。

最后，从综合型理论来看。其中，行为激励理论所强调的是外在的激励，而认知激励则强调的是内在激励，而综合激励理论则是在两种理论基础之上，强调对两种理论的综合概括及发展，进而能够调动人的积极性。心理学家勒温在研究中提出了动力理论，这也是最早提出的综合型激励理论。在这一理论中强调，从人的发展来看，首先是个体与外部环境相互作用的结果，而外部环境的激励本质上仅仅只是一种引导，只有在人存在内部驱动力的背景下，人的行为方向才会受到内部认知强度的影响，如果内部需求不强烈，那么外部环境自然也就无法发挥自身的作用。

2.1.2　关系治理理论

1. 关系治理内涵

关系治理也就是指通过人治理的方式平衡各方面关系，进而形成的独特的企业管理办法。关系治理表征为社会中的实质性关系与相应法则在企业内部管理中的延续，同时呈现出不同的治理模式。从目前企业关系治理模式来看，大致可以划分为家庭式治理、差序式治理以及权威治理，通过对关系的复制、利用、再生产，构建新的关系模型，关系治理同时还可以进一步实现风险的控制。在关系治理的过程中，关系治理不仅受到社会信任的构建，同时还与企业权威的价值取向有着密切的关系。

从关系治理理论的发展来看，与之有关的理论还包含了契约理论和代理理论。契约理论所研究的是在特殊的环境下，不同人之间关系行为与结果的关系，通常需要通过进行假设的方式，在一定程度上简化属性，并通过建立相应的模型来进行分析，最终获得相应的理论结果。由于交易的复杂性决定了很难用一种单一的模型对其进行概括，这也就是契约理论发展呈现出不同发展趋势的原因。从现阶段契约理论的发展来看，其中包含了激励理论、不完全契约理论、产权理论等。代理理论则是由简森和梅克林在 1976 年提出，这一理论最后逐步发展成为契约成本理论。代理理论也是目前企业关系治理理论中的重要组成，通过这一理论主要研究包括资本供应方、经营方、企业与债务方、企业与员工之间的关系。①

2. 福特主义与组织人治理模式

在 20 世纪 70 年代，发达国家经济发展速度放缓，使组织体系中的雇佣关系出现了巨大的变化。分析经济持续低迷的原因会发现，主要是当时的福特主义生产方式无法提升员工的积极性，工会组织不断壮大，使员工与雇主之间的关系平衡发生倾斜，员工获得了太多的权利，同时在社会保障方面也不断得到强化，反而影响到了雇佣活动的灵活发展。

福特主义是建立在工业革命基础之上，通过机械化规范化生产，最明显的特征就是随着机械发展，工厂生产流程实现机械化，劳动重复、单一，同时在管理方面开始提倡科学化。在福特主义生产模式下，随着任务分工模式的出现，工作被划分为不同的小块，同时降低对工人的整体技能要求，每一个工人只需要按照系统的决定和组织实施，完成相对简单的一个环节，通过组织化实现对劳动过程的全控制。在这一过程中，工人逐步失去了劳动的自主性。随后企业内部劳动过程不断地发生改变，进而导致了雇佣关系也随着劳资双方的关系不断的变化，最终逐步形成了以劳资双方谈判制度的建设为核心的关系。而在就业权利和薪酬得到充分保障的前提下，专业化的组织人开始逐步地发展起来。威廉·怀特在 1956 年针对组织人进行描述，他认为组织人的基本

---

① 徐鹏，宁向东. 家族企业的公司治理模式——基于契约理论的研究 [J]. 学术月刊，2011，43 (10)：91-96.

特点是服从、温顺，尤为关键的是组织人必须要对组织体系具备高度忠诚度。在这样的雇佣关系体系下，员工处于内部劳动力市场中，这种市场有着非常明显的特点，即长期受一个相对固定的雇主雇用，同时沿着企业内部晋升渠道实现岗位晋升，员工的工作开始与职业生产关系紧密，同时自身的价值和经验等决定了薪酬水平。[①] 相对稳定的雇佣关系以及薪酬水平的不断提升，使得员工的忠诚度进一步加强，组织在员工忠诚度上升的背景下，也能够实现快速成长，最终实现双赢。

但是这样的关系治理模式关注的更多是集体利益目标，员工在这一体系中对于组织的依赖性非常明显，同时还表现出非常显著的工具性质，员工和组织存在着明显的层次关系和主仆关系，基于这一点，怀特创造了组织人等一系列概念，将企业组织现象与价值观等问题联系在一起，认为这样的体系会导致创造力的消失，同时也会导致个人主义的消失。

3. 后福特主义与个人契约模式

随着工业不断发展，经济中心开始从产品生产逐步转变为服务方面，很多集权制组织开始逐步让位给拥有更多员工的组织，这些组织往往有着更强的适应性。在后福特主义影响下，所提倡的是充分满足员工的个性化需求。后福特时代的到来是时代性的转变，新的市场经济体系和文化体系开启。组织鼓励非集中化的工人实现自我发展和管理，同时鼓励工人之间进行合作，而在劳动的过程中，对于产品质量的控制则由专门的管理团队完成，这样的安排使得原本机械化的工作逐步由刚性转变为柔性，实现劳动生产效率提升。在工业化时代背景下，仆从关系的存在，使得劳资关系变得异常紧张，工会成为员工对抗专制管理而出现的一种特殊组织。20 世纪 80 年代，新的管理者开始关注到工人个体发展、雇佣关系的发展，其中包含了很多方面，如契约、评价、回报以及沟通等，管理层在不断寻求机会绕开工会，从而能够直接与员工进行沟通，依靠共同商议和集体谈判的方式来构建新的关系，因此在这样的背景下集体主义关系正在一步步走向衰退。

在后福特主义时代背景下，已经很难测量无形投入与员工产出之间

---

① ［美］威廉·怀特（William H. Whyte）著. 徐彬，牟玉梅，武虹译. 组织人 ［M］. 北京：北京大学出版社，2020.

的关系，这时候的工作并不是由任务来决定，而是受到员工的能力、忠诚度等各种因素的影响。因此，雇佣关系将从集团谈判契约模式逐步转变成为个体特征的个人契约模式。如果对个性化契约进行正式界定的话，个体员工与雇主之间在利益上达成自愿和个性化，双方就能够形成稳定的雇佣关系。虽然从整体而言，雇佣双方之间并不是出于对等的地位，雇主在这一关系体系内依然占据了主导的地位，并起到决定性的地位。但是在新的雇佣环境中，员工有了更多的权利来对自己的活动进行选择，而这里的员工主要是指组织内部具备很高技能和技术水平的员工，他们在企业内部有极为重要的作用和地位，因此有能力和实力与组织进行谈判，以满足自身的个体需求。

4. 当代组织与"有意义的工作"模式

市场化经济不断发展，现代雇佣关系也在不断改变，员工可以根据自己的喜好选择最佳的就业环境和就业岗位，同时忠诚成为了一种已经过时的美德，而对于忠诚的定义也在不断发生转变。当雇主能够为员工的终生发展负责的时候，他们才可能会赢得员工的满意和忠诚，而当员工不得不为自己的未来时刻打算的时候，员工则会选择忠诚于自身和职业。

20世纪80年代，工作一直被认为是令人生厌的，工业化体系下工作一直被认为是组织活动的基本组成部分，但是人们也逐步感觉到工作应当是有积极一面的，能够满足人的发展需求。当下寻求有意义的工作，已经成为员工自我发展的基本原则，组织已经不再是控制员工发展的工具，而成为员工展现自我的舞台。

随着关系治理的不断创新发展，员工对于工作的认识也发生了巨大的改变，对于工作理想的追求逐步转变成为对现实的追求。从新的职业道德角度来看，员工有权利寻找有意义的工作，并获得与之相适应的职位和薪酬，在人的尊严和自我价值体现方面，能受到他人的尊重并实现自我价值提升，并与其他多种因素保持一致。从现代企业关系治理角度来看，影响员工满意度绩效的因素主要包含了八个方面：第一，能够提供实现个体满意度提升的高地位工作；第二，工作具有多样性和挑战性；第三，能够充分考虑到员工的思想，同时实现协调监督管理；第四，能够进行平等交流的工作；第五，薪酬水平相对较高；第六，明显具有岗位晋升的机会；第七，具备良好的劳动环境和劳动条件；第八，具备就业保障。

在现代组织体系中，寻找有意义的工作已经成为了一种基本价值理念，在关系治理过程中占据的主导地位越发明显。当员工在工作过程中能够享受到工作带来的乐趣，同时将自身的目标与组织目标协调一致，这时候可以不需要监督。对于组织来说，如果组织依靠人力资源而不依靠设备和财务管理事务，组织就会不断地寻求激励手段来提升员工的满意度，进而构建更加和谐的企业内部劳资关系，并最终形成新的雇佣关系。新的劳资关系的构建主要是为了完成工作、实现就业能力发展而构建的契约。在这一体系中，双方更加注重关系的构建，而不是强调情感的维系，组织将采用更加柔性的雇佣关系来应对环境的改变，不是对员工权威的控制，员工也可得到对等的权利和自由，实现自我的发展和职业生涯的管理。①

2.1.3　生命周期理论

1. 生命周期理论的基本内涵

生命周期理论是很早就出现的一种理论，最早可以追溯到 20 世纪 20 年代，是由著名经济学家侯百纳（S. S. Huebner）在 1924 年提出。他认为人的生命价值概念与承认人所具备的经济价值相比有着更为重要的意义。按照侯百纳的思想，人的生命价值主要表现在个体在未来能够获得的实际收入，或者是个人在减去维持自身生存与发展的成本之后，可能获得的未来净收入资本化价值。具体来说可以归纳为三个基本要点：第一，人是最重要的资产，人的生命价值是可以评估的，同时也可以实现资本化；第二，应当要将管理物质财富的经验与技术移植到人力资源管理方面来；第三，需要从个人投资者的终生储蓄和消费角度出发，同时充分考虑个体储蓄和投资方面存在的弱点和缺陷。侯百纳认为应当要采用货币的方式来对人的生命价值进行衡量，实现资本化认定。另外他还提出，可以将带有储蓄成分的保险作为积累的一部分责任金，

---

① 周三多，陈传明，龙静. 管理学原理［M］. 南京：南京大学出版社，2020（08）：234 - 238.

劳动的过程中，将一部分人的生命价值资本化，而在其失去劳动力之后，比如说死亡、伤残等情况出现之后，资本化的人的生命价值就能够通过货币来进行表现，同时积累起来的资金也能够通过养老金的方式来进行展现。侯百纳另外还在定量方面对生命价值资本化进行了评估，具体来说包含了三个基本步骤：第一，确定家庭已经赚取到的收入，包括人的基本收入、奖励性收入、其他收入；第二，确定个体的工作情况以及在职时间；第三，通过资本量化的方式对于个体生命价值进行测量计算。侯百纳在其理论中还就保险的优点进行了分析，他认为保险的最大优势在于能够方便将储蓄器扩充到一个人的整个生命周期，同时从体系构建和自我约束效果角度来看，没有其他的储蓄收益能够超过保险这一工具。

2. 生命周期理论的发展

从 20 世纪 50 年代，生命周期的模型构建成为了研究的重点，美国著名经济学家弗兰克·莫迪格利安尼在 20 世纪 50 年代创建了储蓄理论，对储蓄生命周期理论进行了分析，在这一理论基础之上他认为个体的消费行为是由某一个时间段内收入所决定的，同时也与预期收入和年龄等诸多因素有很大的关系。因此从这一理论角度来看，其中主要包含了理论模型、理论概述以及货币政策与消费关系。

经济学家弗里德曼针对项目生命周期进行了分析。他认为项目生命周期也就是一个项目从概念出现到最终完成所经过的阶段，一个项目可以划分为若干个不同的阶段，同时所有项目无论大小，都有着类似的生命周期结果。其中最简单的形式主要是由四个阶段构成，即概念产生阶段、开发定义阶段、执行实施阶段以及结束完成阶段。阶段数量的多少将决定于项目的复杂程度，同时也与所处行业之间有着重要的联系，当然从项目不同阶段来看，不同阶段下的人员激励体系构建自然也就存在很大的差异。首先，从立项阶段来看，必须要在初期立项阶段组建管理团队，同时对项目实施理念以及发展方向进行确认，并与团队进行商讨，就执行运作计划的制订以及管理工作进行商定。其次，从项目启动阶段来看，主要包含了所要关注的行为确定，同时对于启动阶段管理方面要提出相应的建议。再次，针对发展成熟阶段，这一阶段是整个项目生命周期的核心阶段，其中包含的内容有很多，包括项目工作修成的设置、路径的合理选取、合作关系的搭建以及关键节点的评估工作等，通过构建良好的沟通渠道，查找失败原因，并对未来发展管理提出相应的建议。最后，项目完成阶段，为了保证工作的顺利完成，同时为了能够避免项目扩张，还需要建立完善的人员退出机制和学习机制，保证项目完成。从项目生命周期理论发展来看，一个项目在不同的生命阶段所从事的工作和发展方向存在很大的差异。

2.1.4　目标管理理论

1. 目标管理理论的定义

目标管理理论是由著名管理学家彼得·德鲁克所提出，他在 1965 年所撰写的《目标管理》中针对目标管理理论进行了详细的分析，随后提出了目标激励体系和具体的方案。从目标管理理论角度来看，其强调的是组织群体之间通过共同合作劳动的方式达成一个共同的目标，目标管理理论是在泰勒的科学管理理论和行为科学理论基础上构建的一套管理制度体系。

从目标管理理论产生依据来看，主要是由动机激发理论发展而来。按照动机激发理论观点，人的积极性是需要练习的，同时也是由人的动机所推动的。换言之动机的产生与人的需要支配了人的行动，因此只有了解人的需要和动机，才能够对人的行为进行合理的预测并进行引导，调动人的积极性。通常而言，当人在生产过程中一种需求无法得到满足时，就会产生一种不安和紧张的心理，当能够满足需求的目标出现的时候，就会转化为一种动机，推动个体为了达成目标，向目标不断前行。目标管理也就是遵循这样的基本原理，根据人的实际需求设置目标，进而实现个体目标与集体目标的结合，提升员工的积极性，并引导人完成相应的行为，最终达成组织目标。

目标管理理论认为目标管理制度可以进行过程描绘，一个组织中的上级和下级管理人员共同制定相应的目标，保证每一个人之间都存在某种联系，并就主要职责进行规定，这些措施将作为经营单位和评价成员贡献的基本指导思想和方针，而其中的基本要点包含了以下几个部分：

第一，明确企业目标的基本性质，企业高层管理人员应当要承担企业发展战略目标的制定工作，而中层管理人员则需要制定中层管理目标，基层管理人员则针对基层工作制定相应的策略和目标，同时每一名员工需要根据自己的实际情况制定可行的方案和目标，每一层次员工都需要对目标有清晰的认识，并按照这一层次的目标和任务开展工作。

第二，目标管理顺利与否的关键条件是企业所有人员的积极参与，只有组织制定与各级人员配套的目标体系，且从高层管理人员到基层人员都能积极相互配合，才能够收集足够多的情报信息，对于实现目标的具体手段进行合理控制，最终才能够实现目标。

第三，目标管理的具体步骤首先是要制定目标，保证企业能够按照目标发展，同时各个部门也根据自身部门的实际情况制定相应的策略目标，每一个员工也制定相应的小目标，这样就会构成一个相对完整的目标体系。其中又具体包含了几个基本部分，分别是高层领导制定战略目标、各层管理人员制定试探性目标、进行目标修改、对于目标评价标准达成协议。其次是目标实现阶段，主要是针对人员的自我管理和控制，上级管理层主要是根据基本原则对于重要问题进行分解和干涉，而各层人员则根据所涉及的目标进行自我调整，当实现基层人员与管理人员目标一致的时候，那么企业目标也就能达成。最后，对于目标成果的检查与评价，主要是针对目标管理的情况进行评价，这样就形成一个完整的动态循环体系。

2. 目标管理理论的内容

目标管理将项目人员看成是社会人，认为人不仅仅是因为物质而生存，对于人的积极性的影响不仅包含了物质，同时也包含了环境和心理等，工作效率主要受到人员的积极性影响，而积极性同时又会受到家庭和社会生活等方面的影响。从社会人的假设角度来看，目标管理理论要求管理人员必须要采取信任型措施。首先，管理人员不能只关注生产任务的完成情况，同时还需要将重点放在人文关怀方面，了解员工的个体需求，并适时进行有效的管理。其次，管理人员在管理中不能只关注计划、组织、指挥以及控制等工作，同时还需要重视与人员的关系，提升人员的集体感和归属感，提升人员对于企业组织的满意度。此外，在实施奖励的过程中，提倡奖励制度的建设应当要以集体奖励为主、个体奖励为辅，从正面来引导各级人员，通过目标达成为企业集体获取更多的荣誉。最后，管理人员还要对下属人员给予充分的信任，并及时倾听他们的需求意见，通过实施强化参与管理，在不同程度上让基层人员能够强化自身的责任感和工作积极性。管理人员的任务应当要充分发挥他们的智慧，将他们的潜力开发出来。

按照目标管理理论的基本思想，主要观点包含了以下几个：第一，目标管理是一种参与管理的基本形式，管理作为一门科学和艺术形态，应当包含五个基本功能，而目标管理则是控制功能的一种体现。第二，目标管理所强调的是实现人员的自我发挥控制。任何一名项目人员都不希望自己成为企业的劳动工具和机器，目标管理的主要目的是为了取代压制性管理，实现自我控制管理，以此来提升人员的劳动积极性。第三，经理权力下放。通过权力的下放能够进一步提升人员的创造能力，为项目人员创造更加宽松的发展环境和表现舞台。第四，效益优先，目标管理的根本目的是为了实现企业效益的提升，提升员工的积极性，因此目标管理是基于企业效益基础之上而建立的一种观点。

3. 目标管理的具体应用

在对目标管理理论应用的时候，首先，管理人员应当要了解自己的决策目标，同时需要了解目标的标准以及具体的方法，并向执行者传达自己的意思。其次，在组织方面，管理者在制定目标的过程中，必须要对企业业务活动、决策、需求等进行分析，同时就工作进行分类，管理者还需要进一步细化工作，根据不同的工作岗位中的工作人员情况，制定与之相适应的目标。而激励与沟通则是目标管理中的重要环节，管理者需要将所有的工作人员组织在一起，通过激励体系的建设达成目标，在这一过程中还需要处理好人员配置以及薪酬待遇等方面的问题，并强化下级与上级之间的沟通。最后，绩效考核是目标管理中的基本内容，通过绩效考核体系的构建，设置相应的绩效考核标准，对每一个人员开展绩效考核工作，利用标准化考核体系，促进人员的工作效率，加速企业目标的完成。

现代企业发展离不开人力资源。在人力资源开发过程中，众多学者针对人力资源提出了相关理论，这些理论为人员激励体系的构建及工程项目管理绩效发展奠定了基础。激励理论就是其中影响范围最大的理论之一，在人员激励体系构建过程中，激励理论占据了主导地位。从激励理论的发展来看，需求层次理论和双因素理论为人员激励体系构建提供了理论依据，而关系治理理论的发展则为企业构建和谐的企业与人员关系提供了理论参考，生命周期理论的出现，更是从企业及项目发展角度出发，对不同生命周期下的企业和项目管理重点提供了理论支持。目标管理则是现代企业管理的重要理论依据，由于企业的发展离不开合理的目标确定，因此通过目标管理理论，能够为企业人力资源激励目标的确定等提供理论依据。

2.2　人员激励体系的相关研究

2.2.1　人力资源激励的概念及其解读

根据心理学和行为学的理论，激励指通过某种方式或手段刺激人的动机，使人的内心产生一种驱动力，从而逐步向预期设定的目标靠近的过程。因此，激励的前提条件是必须满足受激励对象的需求，当激励对象的需求没有得到满足时，这样的激励效用很低，激励的过程是无法实现的，即受激励者不会处于积极实现目标的状态。激励包含三个最基本的要素：努力、目标和需求，激励的过程如图 2－1 所示。

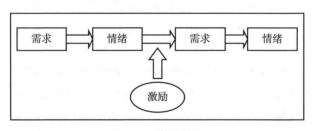

图 2－1　激励过程

具体到工程项目而言，人力资源激励是指项目领导层或管理人员设计激励制度、采用激励方式或执行激励方案以调动员工的热情和积极性，促使其付出更多的努力和更加有效率地完成工作任务。激励的目的是引导人的正确行为动机，激发人的积极性和创造性，以充分发挥人的脑力和体力潜能，尽全力做到最好。激励理论指出员工的工作效率与其工作态度有着直接的联系，而工作态度则会受到需求的满足程度和激励因素的影响，因此研究人力资源激励因素对于提高人员的工作效率从而促进国际工程项目管理绩效的提高是有重要意义的。

人员之间存在文化差异是国际工程项目最为显著的特征之一。文化差异是在社会的发展和进步中产生的，来自世界各国的项目人员起初是在各具特色的环境下生活和工作的，不同的文化背景会对他们的价值观念、行为准则、处事态度、看待问题和解决问题的方式产生影响，造成他们在世界观、人生观和价值观上存在不一致的看法，这就是文化差异的概念。尽管如今国际上的交流越来越频繁，但是文化是经过一段漫长的历史形成的，因此不同文化的融合也不是一蹴而就的。文化差异问题是难以短时间内彻底解决的，正确的做法应该是"求同存异"，尊重和了解不同国家或地区的文化，将文化差异降到最小。由上文的分析可知人员的激励必须要从满足受激励对象需求的角度出发，但是由于文化差异的存在，不同员工之间的需求存在一定的差异，因此项目管理层在对不同国籍员工的人力资源激励时，应该要充分了解各国的文化背景和风俗习惯，这样才能真正了解到各个国家员工的内心需求，在此基础上采取的激励方式才是最有效的。

2.2.2　工程项目全周期视角下人员激励体系的相关研究

1. 工程项目前期的人力资源激励研究

目前针对项目人力资源激励的研究模型有很多，而双因素理论作为当前最成熟的理论之一，在研究前期人力资源激励方面能够发挥很好的作用。

（1）双因素理论的内涵及意义。

从企业管理学角度来说，赫茨伯格所提出的双因素理论，其最大的意义在于通过工作来对激励边界进行合理的划分。主要是通过各种因素对员工起到的是激励还是保健作用进行分析，而具体的属性则由工作本身或者是工作之外来决定。保健因素的本质就是员工对于工作本身之外的外部条件要求，虽然说这些条件都非常的关键，一旦缺少这些条件工作将无法开展，但是对于工作本身来说，这些条件仅仅只是工作的保障以及支持，并不会对工作产生决定性的影响。保健因素能够让员工获得满足感，不过这种满足感是间接的，是属于工作以外的，这些满足并不会直接对工作产生作用。因此员工并不能从这些因素中来获得工作的刺激感和愉悦感，即使是保健因素能够起到一定的激励作用，但是这也是一种外在的因素，而并不是工作本身的激励。因此这些因素本身决定了并不能让员工获得工作带来的快乐，同时也无法让员工从自身产生积极的满足感。外部的满足是保证工作合理开展的基础，但是这种满足并不会直接作用于工作，因此往往会让员工感觉这些满足与工作本身并没有太大的关系。以加薪为例，薪酬属于保健因素的一种，单一地提升薪酬水平虽然能够提升员工的满意度，但是并不会直接让员工感受到工作带来的快乐，因此单一的加薪只会让员工的需求感越发难以满足，最终让组织自身陷入困境。

双因素理论中的激励因素，本质上也就是指员工自身对于工作本身需求的一种反应。通过激励因素的实现，能够让员工获得直接的满足感，并让员工在工作中感受到快乐感。满足感的产生对于员工来说是一种激励，同时也是一种内在的动力。[①] 工作本身所产生的激励作用，源自工作对于员工提供的享受感，同时也是源自工作对于员工而言是一种自身价值的体现，又或者是一种生存工具。激励因素对于员工的个人成长，以及其在工作中获得成就感都有一定的好处。

（2）双因素理论下项目人力资源激励途径。

从双因素理论来看，与人的工作具有联系的因素主要可以划分为激励因素和保健因素。从具体分类而言，其中激励因素包含了晋升、赏识、责任、成就等，而保健因素则包含了薪酬福利、管理监督等，因此在双因素理论中，要实现项目前期人力资源激励，就必须要围绕这些激励和保健因素来展开相应的激励行为。

①基于激励因素下的人力资源激励。

从工程项目前期工作来看，要保证后续工程项目的管理，就必须要做好激励因素保障工作，结合保健因素结构来看，应当要从几个方面来对其进行完善。激励因素主要包含了晋升、赏识、责任等多个方面的因

---

① 杨东进，冯超阳. 保健因素主导、激励因素缺失：现象、成因及启示——基于"80后"员工组织激励的实证研究 [J]. 管理工程学报，2016，30（02）：20 - 27.

素，这些因素大多数是精神层面的因素，因此要实现激励因素功能发挥，那么人员应当在精神层面上有这样的需求，这样才能够达到激励的目标。

建立晋升制度体系，这是在项目之前必须要完善的工作，通过建立合理的晋升制度体系，让每一个员工都能够按照预定目标计划，实现工程项目人员的尊重需要和自我价值实现需要。在激励因素体系下，精神激励也是其中重要的组成部分，是满足人的精神发展的基本需求，对于人的心理有着巨大的影响。在项目实施之前，需要对工程项目人员进行指导，包括提升员工对工程项目重要性的认识，并通过参与性提升，实现项目人力资源激励效果的提升。此外，目标激励也是一个重要方面，目标激励也就是在项目实施之前，需要为工程人员设置相应的目标，包括具体的岗位使命、目标对象等。简单来说就是要在项目实施之前，为所有的工程项目人员设置一个切实可行的目标，来达到激发员工积极性的目的。

②基于保健因素下的人力资源激励。

从双因素理论来看，物质层面的激励属于保健因素，通过物质激励来满足员工的需求是减少员工抱怨的一个重要方面。而在项目实施之前，必须要针对物质层面的激励因素进行完善，其中包含工薪、奖金、薪酬等。在赫兹伯格的研究中，薪酬在企业保健因素中发挥着重要的作用，在市场化作用下，薪酬已经不单单属于保健因素，同时也叠加了一部分激励因素的效果。在项目建设基础上基于薪酬角度完善激励体系是实现人力资源激励的基本手段，换言之在项目实施之前就必须要做好薪酬体系的规划和完善工作。薪酬作为激励的最基本手段，同时也是保障工程人员生活的物质基础，是项目实施的关键。当然从双因素理论角度来看，为了建立完善的薪酬制度体系，还需要完善绩效考核体系。通过在项目实施之前对各项条件进行完善，是实现人力资源激励的重要方面。

2. 工程项目中期的人力资源激励研究

从项目激励角度来看，在项目实施过程中，员工通过项目实施力图实现自身价值是发展的基本，因此在这一过程中对于员工的期望了解非常重要，通过运用期望理论对项目过程中人力资源激励进行分析，具有积极意义。

（1）期望理论的概念。

期望理论是由美国著名心理学家威克托·弗鲁姆提出的一种理论，主要是分析员工努力行为与奖酬之间存在的内在关联性。在这一理论中充分运用了各种变量，具体分析激励力量的大小与各个因素之间存在的内在关系。按照弗鲁姆的思想来看，当人们有需求同时又存在达到目标的可能性时，才会表现出较高的积极性。因此员工最终所表现出来的积极性受到两个方面的因素影响，其一是激励水平的高低，另外一个则是人们对于自身主观行为达到目标可能的认知，同时也包含了人们对于这一目标重要程度的认知。

首先，就期望值而言，主要是指人们对于自身是否能够达到某一目标的可能性做出的主观判断，目标价值的高低将直接决定一个人动机的强弱，期望概率则表现出一个人实现需求的信心强弱。从弗鲁姆思想来看，人总是希望能够满足一定的条件，进而达到一定的目标，而在这一目标还没有实现的时候，将会表现出一种期望。

其次，就效益而言，主要是指达到目标对于满足自身需求的价值。由于个体的差异、需求的差异等因素最终导致的目标价值也就存在不同。从目标期望划分，大致可以分为正、负、零。如果最终的结果能够满足个人需求，那么这时候也就呈现正效益，如果个人对于最终的结果漠视，那么则效益为零，如果最终的结果让个体感到不满，则为负效益。效益越高，越能激发出更大的力量。根据期望理论来看，管理人员在人力资源激励的过程中，应当要树立有利于企业发展的目标，同时为员工创造更好的条件来实现目标期望并达到期望值，这样能够更好地激发员工的工作积极性。

（2）期望理论的内涵及意义。

根据弗鲁姆的期望理论来看，期望并不一定能够实现，期望与实现之间通常存在三种可能性，即期望小于现实、期望等于现实以及期望大于现实。三种情况下，对于人的积极性影响也存在很大的不同。通常情况下，员工从事工作的动力与自身的主观判断以及认识有着密切的联系。也就是指员工的主观积极性与工作绩效、绩效与报酬、报酬与吸引力之间存在着联系。如果说员工相信自己能够做好某一工作，那么就会产生强烈的动机，反之则会导致动机不足。其次，在他们相信工作能够带来足够的报酬，那么动机也就会表现得越发强烈，反之则表现出不足。最后，如果员工希望通过工作获得加薪和晋升的机会，那么就会表现出强烈的动机。

（3）期望理论下项目中期人员激励体系构建。

①需求点分析。

目标效价的高低将会决定个体的实际需求，只有在目标达到之后能够满足个体的需求，才能够在人的内心产生足够的欲望，进而产生动机，并支配自身的行为。因此在期望理论中，实施工程项目的过程，针对项目人力资源激励应当要为他们制定合理的目标，满足需求。从项目工程人员需求特点来看，主要包含了以下几个方面。

首先，精神需求与物质需求优先性角度。由于工程项目中人员组成结构非常的复杂，不同的人员需求存在差异。其中高层次管理人员和技术人员往往要求比较高，他们具备的文化能力和自身素质能力层次较高，因此他们通常能够很好地认识到自身发展和知识的重要性，因此精神需要表现得非常突出。对于这一部分员工，他们一般有着比较明确的奋斗目标，在工作中他们不仅为了报酬，同时也为了能够发挥自己的价值，进而追求事业上的成功。因此，他们通常很难满足一般性的事务。而就普通建设人员而言，他们是工程项目实施的基础，但是由于他们工作在项目一线，在需求方面往往更加倾向于物质需求。因此对于这部分人力资源激励需要从具体的事务入手，为他们树立短期的目标。

其次，工作目标的挑战性角度。管理型人员和项目技术人员满意度主要是来自其自身的工作，其中包含了挑战性的工作以及较高的完成质量。因此他们往往希望能够获得更具挑战性的工作，能够在岗位上发挥自己的才智，并获得较高的成就感。因此，针对管理型人员和技术人员可以为他们设置具有一定挑战性的工作，让他们感兴趣，进而实现对工程项目的完善。而对于基层员工来说，他们在工作过程中的要求相对较低，对于工作的挑战性要求相对较小，尤其是他们在工作中更希望任务容易达成，因此对于这一部分员工而言，为他们确定目标难度较低的任务是关键。

最后，知识发展需求角度。技术人员以及管理人员对于知识有着强烈的需求，保持知识领先是这一部分人所看重的。由于知识和技术的更新发展速度非常快，如果长时间得不到更新，那么就会出现知识贬值的情况，因此他们对于新知识的掌握需求表现得非常明显。而相对来说普通员工在知识发展需求方面表现得并不是十分突出。因此在激励体系建设过程中，给管理型人员和技术型人员提供知识发展机会成为关键的因素。

②管理目标设立。

为了能够满足项目实施过程中不同员工的实际需求情况，因此需要根据不同的情况进行合理的目标设置。在进行管理的过程中，对于目标的设置通常会从几个方面来进行考虑。首先，目标效价的针对性。由于每一个员工的岗位存在差异，同时由于他们的地位和需求也存在很大的不同，不同的人也就会产生不同的追求，同一目标对于不同的人来说也会产生不同的价值，有些人可能认为非常重要的东西对于另一部分人而言可能并不重要。同时同一目标的报酬方式也会存在不同的效价，即使从实际衡量价值奖励来看相等，但是从具体的形式角度方面来看也会产生不同的效价。从国外针对项目人力资源激励目标的设置来看，其中采用自助餐式的奖酬制度是发展的主要方向，这样能够保证目标的设置满足个体的需求。因此在进行目标设置的过程中，需要从个体需求特殊性角度来进行分析，针对不同的人采用不同的激励目标。在达到项目发展目标的前提下，保证个体目标的最终达成，而在这一过程中实现双向沟通是一种基本方式，通过调查等方式，了解项目人员的实际需求和期望，进而根据实际情况来制定合理的目标。当然在这一过程中应当要从大多数人所认同的目标出发，通过效价最大化角度来建立相应的激励体系，并设置相应的激励目标。

其次，激励目标设置的多样性。从社会发展角度来看，如果整体经济发展水平相对较低，那么这时候通过薪酬和福利等物质奖励，能够起到良好的激励效果。但是当收入达到一定水平之后，物质激励所能够发挥的作用就会逐步的弱化，尤其是对于技术型员工和管理型员工而言，表现得更加突出。因此在工程项目实施的过程中，需要充分考虑将精神激励和物质激励相结合的方法，满足个体的需求。由于在项目实施过程中，员工结构存在很大的差异，因此这就需要针对不同的员工建立与之相对应的物质和精神激励结合的激励目标体系，保证不同层次的员工基于不同的目标，实现工作积极性的提高。

再次，针对目标结果加以明确。从项目施工过程中，期望理论认为只有保证目标具有可达成的可能性，才能够起到激励的作用。因此从这一点来看，在项目实施过程中，必须要对目标结构进行明确，即对于目标达成之后能够获得的结果进行清晰的反映，这样才能够实现激励的目的。如果说目标达成之后没有吸引力，那么也就无法产生积极的欲望。目标的明确能够保证反馈的完成情况，并且能够及时掌控项目的进度，进而为个体的发展指明方向，同时也能够及时地根据项目发展和个体发展，对于目标进行及时的修正。

最后，工作目标的挑战性。激励的目的是为了进一步提升绩效水平，如果说在不需要激励的情况下就能够达成，那么人员激励体系的构建也就失去了意义。从期望理论角度来看，正是由于个体存在着不同的期望，因此通过合理地设置项目目标，才能够达到激励的目的，进而达到激励的效果。在项目实施过程中，目标的设置包含了短期目标和长期目标，对于不同的员工在设置工作目标的时候，需要根据个体差异来设置。从技术型人员和管理型人员角度来看，他们对于工作目标的难度需求往往更大，因此在针对这一部分员工设置目标的时候，应当要设置更加具有挑战性的目标。

3. 工程项目后期的人力资源激励研究

一个项目的实施结果是由多个因素所影响，因此针对最终的项目结果，采用归因理论进行分析，是了解人力资源激励的重要方面。

（1）归因理论的内涵。

归因理论又被称为归属理论，这一理论的出现主要源自社会心理学领域，基于"人际知觉"和"个体知觉"基础之上进行相关研究。归因理论主要是针对人们的某一行为动机、目的以及价值取向等角度进行研究的理论，主要是研究人们如何将具体行为的内在属性和外在属性结合在一起的基本原理。归因理论是知觉者对于他人的行为原因进行解释的一种社会心理学理论。

从归因理论的发展来看，内容涉及面非常广泛，任何一个人的任何一种行为，都会有一定的原因，或者是外部环境的影响，又或者是个体自身内部因素影响。无论是什么样的原因，最关键的环节在于行为人与其行为最终结果在何种方向上的归因。从现有研究来看，针对归因理论的研究主要包含了两个方面，一个是归因认知过程理论，另外一个则是归因效果理论。其中从归因过程理论观点来看，人们会根据某一种行为的后果来寻找产生这一结果的原因，从理论角度对过程机制进行分析。归因效果理论则是从动机以及情绪理论角度出发，所关注的是行为人在实施行为过程之后，对于人们的思想、感情以及后续行为所产生的影响。归因认知理论和效果理论之间有着重要的联系，通过二者的结合，能够更加清晰地分析出行为产生的原因，其中归因认知过程理论主要是针对行为过程的原因进行分析，而归因效果理论则是对后续的行为进行预测。

（2）项目后期人力资源激励方案。

从归因理论角度来看，针对项目后期强化人力资源激励，构建相应的激励体系，是实现人力资源激励发展的重要举措。从项目实施结果来看，项目后期必然会出现正向发展和反向发展两种趋势，其中正向发展下，项目能够按照预定计划完成相应目标，而反向发展下，项目则无法按照预定计划完成相应的目标，不同的结果是由不同的原因导致，因此在分析过程中，需要根据项目结果来寻找原因，进而进行人员的激励。而根据归因结果来进行人员体系的构建，能够根据问题查找原因，进而实现人力资源激励，对提升激励效果将发挥积极的作用。从项目结果来看，基于归因理论角度，从项目后期考虑人员的激励，应当要从几个方面来进行考虑。首先从归因与正面激励角度来进行考虑。第一，必须要与员工进行交流，针对项目结果与员工进行交流，将工程绩效及成果传递给员工。第二，针对员工强化培训，项目结果能够在一定程度上反映出员工存在的不足，进而针对现有企业培训体系存在的不足之处进行进一步完善。第三，从归因与反面激励角度来看，应当要设置末位淘汰制度，以项目结果作为考核内容，对于垫底的人员要进行清退，剔除一部分素质能力不足的员工。第四，要进一步落实奖罚信息，在项目结束之后，对于顺利完成目标的员工进行奖励并公示。

（3）总结与评述。

双因素理论、期望理论以及归因理论，分别从项目前期、中期以及后期三个角度出发，对项目实施过程中人员激励体系的构建提供了理论基础。从双因素理论角度来看，前期人员激励体系建设应当要保证员工的基本物质需求得到满足，消除员工不满情绪，同时还需要给员工设置自我表现的机会，实现尊重需求和自我价值体现需求的满足。前期的人力资源激励，更多可以理解为在没有中介变量的条件下，项目预设的激励体系对项目结果产生的影响；而从期望理论角度来看，员工在项目中期实施过程中，由于期望的存在，因此针对不同的员工设置不一样的目标，目标体系的建设是项目事中激励的重点，而中期目标的设立，也可以理解为通过一个"中介"建立起了激励与项目结果之间的重要联系。而从归因理论出发，给予项目最终的结果，寻找员工存在的不足，进而寻找激励方案，是基于问题、原因的基础之上，完善激励体系的重要步骤。项目后期的激励研究，则是对前期激励体系有效性以及中期"中介"设立后激励体系有效性的双重检验。因此通过不同理论的结合，在人员激励体系构建过程中，能够形成合理的因果循环，最终达到良好的激励效果。

2.2.3　综合激励理论的相关研究

综合激励理论模型是 20 世纪 60 年代美国行为科学家爱德华·劳勒和莱曼·波特提出的一种激励理论，该理论将行为主义的外在性激励和认知派的内在性激励综合起来。外在性激励主要包括薪酬、地位、提升、安全感等低层次需求。内在性激励是指员工自身由于工作绩效较高而给予自身的认可，如感到自己对社会做出了贡献、对自我能力的肯定及自我价值的肯定等，这属于高层次的需求。罗伯特·豪斯综合几种激励理论提出了综合激励模式，该激励模式把内外激励因素都考虑进去了。豪斯的综合激励模式既强调了工作任务本身效价的内在激励作用；同时兼顾了因任务完成而获得外在奖酬所引起的外在性激励。要提高员工的工作积极性，豪斯认为必须关注内在激励和外在激励两个方面。

1959 年，著名心理学家怀特在对动物的行为进行试验研究时，发现即使没有外在奖励存在，许多动物也会出于自身喜好而自发地重复某一动作，因此他首次提出了内在激励。所谓内在性激励是指工作本身带给人的激励，是人发自内心，自身产生的一种激励力量，具有社会历史性、个别差异性、主观能动性等特点。内在性激励因素包括工作的挑战性、工作的趣味性、工作所带来的责任感和成就感。外在性激励是指除工作本身带来的激励以外的奖励，包括丰厚的报酬、职务的晋升、良好的工作环境、公平的公司制度等。

在 1985 年，德西和莱恩提出认知评价理论，又称为自我决定论，该理论认为内在因素和外在因素在激励员工时会对人本身产生不同的影响。当对某种工作结果进行外部奖励时，人们就会感到自己不是自觉的人，是为了奖励而工作，就降低了因喜欢工作本身而产生的内在激励作用。认知评价理论过分强调外在因素激励对内在因素激励的负面作用。同时，该理论强调提升员工能力和个人控制感时，内部激励效果更佳。

基于高校教师科研创新中的激励机制，程正方（1990）提出内在性激励来自激发行为动机工作本身的激励因素是人的更高层次的需要，其本身是一种带有自我激励性质的，更稳定、更持久、更强有力的激励因素，而外在性激励更多的是人的较低层次的需要，主要是来源于生活、工作的薪酬、工作环境、组织环境等外部环境的激励。学者王崇峰等（2014）则从组织承诺的角度，指出能够影响高校教师激励的内外在激励因素，如图 2 - 2 所示。

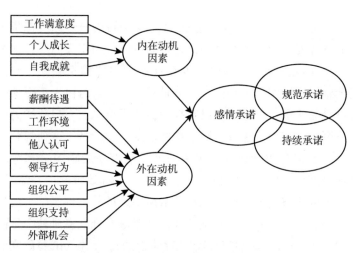

图 2 - 2　基于组织承诺的高校教师激励模型结构示意图

尽管上述激励理论不尽相同，但是对于激励体系的划分大致是一样的。综合激励模型中的内在性激励大致对应着双因素理论中的激励因素和需求层次理论中的高层次需求激励，综合激励模型中的外在性激励大致对应着双因素理论中的保健因素和需求层次理论中的低层次需求激励。

　　由于综合激励模型吸收了多种激励的理论的优点，能够更加全面系统地解释人力资源激励行为，因此本书将采用综合激励模型来划分激励的方式，即将激励的方式分为内在性激励和外在性激励两个方面，下文将在此基础上进行延展，继续对内在性激励和外在性激励方式的相关研究进行综述。

2.2.4　内在性激励的相关研究

　　很多学者在对内在性激励与外在性激励的研究进行了明确的划分，本研究将相关研究文献进行归纳整理，便于为本书建立人员激励体系提供理论支撑。

　　内在性激励的工作设计方面，江卫东（2002）在文章中重点讨论了以团队为基础进行工作设计与再设计对员工的激励作用。赵世君（2006）创新性地阐述了工作设计如工作自主、工作反馈、工作挑战性等方面可以有效提升员工工作的积极性。王智（2009）基于工作分析的信息基础上，得出工作岗位的设计可以有效促进组织目标的实现，以及使员工在工作中提升工作满意度以调动员工的工作积极性。王艳梅、赵希男（2011）通过构建模型阐述了工作设计的工作专业化与工作扩大化的激励有效性会依据员工心理的内在动机强度大小而呈现正相关影响。闫森等（2013）通过建立具有模糊偏好的工作设计激励模型，并依据模型的结果讨论了工作偏好、工作复杂程度以及工作关联度对经营者激励机制的积极影响。

　　在内部管理方面，李军（2007）认为员工具有需求多样性和复杂性、对组织认同度低、流动性强、追求个人职业发展等特征，提出要选择适合员工特性的领导方式、建立组织认同和有机式组织机构来创造人力资源激励的良好管理模式。李瑞霞（2008）认为员工已成为组织极其重要且不可或缺的人力资源和智力资本的核心，所以组织必须针对员工的自身特点，通过健全上下级沟通机制，参与组织管理提升员工组织忠诚。赵士德、田金信（2009）依据高层管理团队激励的行为理论，确立高层管理团队激励的原则，认为管理者可以从团队任务关联度和企业文化导向两方面激励企业组织团队。王志军、王海波（2009）从分析员工的特点入手，考察了当前企业员工的管理现状及存在的问题，在此基础上提出了加强培训、采用正确的激励措施、实行弹性工作制等有针对性的管理策略。

2.2.5 外在性激励的相关研究

外在性激励的工作环境方面。肖缓（2003）通过分析员工行为特征，提出构建以心理契约为基础的员工行为激励模型，在物质激励与精神激励因素之间找寻最佳平衡并达成心理契约以使激励效用最大化。蒋蓉华、周永生（2003）在证明以团队合作方式进行生产能使工作绩效具有乘数效用的基础上，利用团队生产的激励模型分析了合作的最优方案及在合作基础上创新的最佳模型。王黎萤、陈劲（2008）认为通过员工心理契约结构的团队成员、人际关系和交易维度三种维度可以有效建立员工的组合激励模型，通过模型找出人力资源激励的工作环境主导因素。张宏如（2010）基于 EAP（员工帮助计划）的视角，构筑了全新的人力资源激励策略系统，他把国外 EAP 激励思想与中国人本管理思想相结合，从中国本土文化和管理实践出发，塑造了一个包含引导员工职业价值观、提升心理资本和构建人文关怀氛围的员工工作环境。

外在性激励薪酬方面。谢礼珊、张燕（2002）为在知识经济时代企业应改变传统的薪酬制度而采用个性化薪酬制度，要根据员工能力和业绩，确定员工的薪酬，并允许员工选择他们需要的报酬形式，以便充分调动员工的工作积极性，吸引并留住优秀的员工。严边霞（2003）认为企业要做好人力资源激励，制定和实施科学的薪酬制度和薪酬策略是基础，用薪酬激励员工必须注重保健因素和激励因素。李强（2008）从企业员工的特点入手，提出了企业员工薪酬设计的一般原则，认为员工薪酬设计应采取内在薪酬多样化、职位薪酬动态化、员工福利弹性化以及期权激励虚拟化的薪酬策略，并对实施方法进行探讨。任洁、李丹（2009）把赫茨伯格双因素理论推广到薪酬制度的构建中，提出以团队项目薪酬、部门绩效薪酬和培训准备金等结合使用作为主要薪酬激励手段的观点。

外在性激励的个人发展方面。吴耀宏（2002）认为在建立激励机制时，应着眼于长远发展战略并建立市场化管理激励，树立以人为本的思想，把企业和个人的利益有机地结合起来，以个人发展带动企业发展。柴红英、杨林（2005）认为建立企业的员工职业发展管理系统是企业发展的一个重要环节，通过子系统——晋升与调动管理系统、培训与开发系统和沟通系统之间的协调配合充分挖掘员工最大潜力和最大限度利用雇员能力。赵峰、甘亚雯（2017）基于高新技术企业的发展现状与存在的问题，认为对于新生代员工的激励要结合新生代员工和员工的不同特质，满足个人心理自我实现的需求，从而有效激发员工动力。

2.2.6　内在性激励和外在性激励的综合性研究

很多研究者在研究人员激励体系时把内在性激励和外在性激励结合起来，没有进行明确划分，但是所研究的相关激励内容却包含内在激励和外在激励的相关含义。

最经典的研究成果是赫茨伯格在1959年提出的"双因素理论"，该理论认为影响员工激励的因素有16种：公司的政策与行政管理、技术监督系统、与上级主管之间的关系、与同级之间的人际关系、与下级之间的人际关系、工作环境和条件、薪金、个人的生活、职务地位、工作的安全感、工作上的成就感、工作中得到认可和赏识、工作本身的挑战意味和兴趣、工作中的责任感、晋升、工作的发展前途。

王健（2017）建议在物质激励和精神激励相结合的基础上，采用绩效奖金、福利、在职培训机会、岗位晋升机会和荣誉奖励等激励方式促进企业人员的工作积极性。包兴和赵路正（2018）指出在经济步入"新常态"下，应从薪酬体系、奖励体系、成果转化收益体系、绩效考核体系和晋升通道建设等方面构建科技人力资源激励机制体系。姚洁和万文静（2017）提出对企业员工的业绩进行考核时，应当通过实施薪酬战略构建具体的激励机制，应当适当提高员工的薪酬。段万春等（2010）实证分析了影响企业科技人员工作绩效的激励因素，研究结果表明，传统激励模式中的经济性激励对科技人员的影响不大，而文化认同、环境因素、工作关系、上级支持等非经济性激励因素对其工作绩效产生较大的促进作用。

国外众多学者米尔科维奇和纽曼（Milkovich and Newman，2002）、彼得森（Peterson，2007）、霍尔等（Hall et al.，2009）、夏普等（Sharp et al.，2009）、宗等（Chong et al.，2015）、桑吉夫等（Sanjeev et al.，

2016）和国内学者张望军和彭剑锋（2001）、陈祥槐（2006）、杨东进和冯超阳（2016）、张旭（2018）等分别对诸多行业的员工的激励因素进行了深入研究，得到的结果与赫茨伯格的大同小异。总结梳理以上学者研究中出现频率最高、认同度较高的激励因素是：薪酬福利、个人发展、工作挑战、职位晋升、工作环境、工作成就、他人认可与尊重、公平公正、人际关系、安全保障、领导特征、学习培训、参与决策、企业文化、企业发展。

此外，文化差异对于人员激励体系构建的影响体现在对于员工内在性激励和外在性激励的具体细分上。首先，由于不同国籍的员工来自不同的文化背景，他们的价值观念会有一定的差别，对于受到的内在性激励会产生不完全一致的反应，比如不同国籍的员工对于参与国际工程项目给自己带来的国际和社会地位提高、个人能力的增强和工作挑战的乐趣的激励大小是存在差别的。其次，不同国籍的员工看待问题和处理问题的方式也会存在差别，比如加薪和发奖金同样为物质性激励的两种方式，在不同国籍的员工看来，两种方式带来的满足感是不一样的。

内在性激励和外在性激励方面的相关研究丰富，为本研究激励体系的建立提供了重要支撑。美国知识管理学者玛汉坦姆仆（1998）经过大量实证研究分析后认为知识型员工的四个主要激励因素是：个体成长、工作自主、业务成就和金钱薪酬。他认为知识型员工更加愿意从事高度自主权的、有挑战性的工作；更加愿意追求知识和个体的成长、事业的发展。除了薪酬奖励属于外在激励外，另外两个方面都是内在激励，个体成长表现在能力提升方面，工作自主说明工作是挑战，是自我决策。安盛咨询公司（1994）与澳大利亚管理研究院合作对来自美国、澳大利亚、日本多个行业的858名员工进行工作满意度调查研究，列示了激励知识型员工前四位的重要激励因素，分别是：工资报酬、工作性质、职位提升、同事关系和参与决策。通过比较发现的知识型员工更注重同事关系、参与决策和工作性质这三种激励因素。利特尔（1998）认为金钱、良好的工作氛围、薪酬、科学的管理是激励员工的主要因素，他指出要想对员工产生激励作用，必须将以上四个要素合理使用。斯蒂芬·罗宾斯（2013）认为，在当今社会，只采用物质奖励这种单一的激励方式已不能有效地激励现代员工，要强调员工职业发展、精神认同和企业价值观等多元激励手段。工作具有挑战性、充分的工作自由决策权可以有效激发员工创新潜能，领导层要注重与员工的沟通方式，从权威式管理转变为人性化管理。

本节从人力资源激励的概念出发，对工程项目全周期视角下前、中、后期的人力资源激励进行了综述，通过对综合激励理论的发展和研究概述，进而引出内在性激励和外在性激励这一激励体系的重要划分，这也是本书的研究重点之一。在此基础上，分别对内在性激励、外在性激励和内外部激励的综合相关研究进行了理论综述。目前对于综合激励模型的相关研究已经相当完备，内在性激励、外在性激励的作用、效果、机制已经比较明确，下文将探讨文化差异下人员激励体系的作用效果，以及人员激励体系在国际工程项目中对项目管理绩效的影响。

2.3　文化差异与人员激励体系的相关研究

本节在上一节的基础上，就文化差异、人员激励体系这两者的相互作用做进一步研究，力求通过对相关理论基础的阐述，分析两者之间的逻辑和作用关系，为第 3 章构建人员激励体系提供理论基础。

2.3.1　文化差异的概念及其解读

文化不是个体特征而是群体表现，对文化内涵的解读古往今来也是见仁见智。狭义上来说，文化就是人类相对固定的价值观念。广义上来说，就是与自然相对应的一切人类活动的痕迹。米尔维斯和马克斯（1992）认为，文化以潜在方式影响人们的商业行为，文化的作用在人类、商业体或经济单位受到威胁时更能感受到。霍夫斯泰德用 20 种语言从态度、价值观两个方面，收集了 40 个国家共 116000 个（包括工人、博士和高层管理人员）的调查问卷，根据研究结果，霍夫斯泰德（2019）认为文化是人们在一个环境中的共同的心理程序，不是个体特征而是具有相同教育和生活经验的众多人所共有的心理程序。不同群体、不同国家或地区的人们因不同的教育、不同的社会背景，会拥有不同的心理程序。

文化差异可以理解为文化差，这种差不是数量意义上的差，更多的

41

是一种表现形式或象征内涵上的不同。文化差异是因地区异同，各地区人们所特有的文化异同而产生的差异。霍夫斯泰德（2019）认为，文化是具有相同的教育和生活经验的许多人所共有的心理过程。不同的群体、区域或国家的这种过程互有差异。霍夫斯泰德（2019）在大量的调查数据中，为了找出能够解释各国各地区文化行为差异的因素，他从文化差异的五个维度度量了各国的文化，分别是：权力距离、不确定性规避、个人主义与集体主义、男性度与女性度、长期取向与短期取向。霍夫斯泰德认为，以上五个文化维度或因素对于管理中的员工激励、领导方式和组织结构都会产生巨大的影响。

2.3.2 社会学分析范式下文化差异对人员激励体系的影响

社会学分析范式下，文化差异对于人员激励体系所产生的影响以及作用，主要是在社会事实范式、社会界定范式以及社会行动范式基础之上产生不同的影响。

社会事实范式下文化差异对于激励体系的影响

社会事实范式认为社会学应当要从社会制度、社会结构、社会文化等角度去分析现象产生的更深层次的原因，强调的是社会现象存在的客观性，其中从社会事实范围发展来看，结构功能理论以及社会冲突理论是其中的主要理论，对于文化差异对激励体系的作用有着不同的看法。

结构功能理论：斯宾塞（2012）提出了宏观结构的总体规模、差异性和复杂性的问题，并在区分结构与功能的基础上，引入了功能需求的概念，依此来解释各种社会组织的存在。迪尔凯姆（2016）沿着相同的方向进行深入研究，提出了当代结构功能理论，他在社会学研究过程中，将社会看作是一个由道德观上的共识来规范的一种特殊有机体。社会学所研究的对象确定为客观的社会现象，同时对社会中的人与人以及群体与群体之间的关系采用了社会团结进行了相应的分析。他认为基于社会团结精神基础之上而产生了集体意识，控制社会的基本机制则是社会集体倾向、信仰以及守则。

结构功能理论下，任何一个社会组织成员在组织体系中都有着一定的地位，只不过由于功能上存在差异，因此在发展不同人员组织功能的过程中，就需要从不同的角度来进行分析。从结构功能理论角度来看，不管是非洲企业抑或是中国企业，人员激励体系建设都是实现企业发展的重要策略。从非洲文化背景来看，由于非洲自然环境和经济环境相比中国而言更加的困难，为了自身发展的基本需求，企业在发展过程中不得不通过人力资源激励的方式，带动员工的劳动积极性。因此在这样的背景下，非洲企业通过人员激励体系的构建，实现人员的激励。根据社会功能理论来看，帕森斯（2012）认为，社会系统是行动系统中的四个基本系统之一，其他三个主要包含了行为有机体系统、人格系统以及文化系统。在结构功能理论下，无论是中国员工抑或非洲员工，人力资源激励的根本目标是一致的，都是要实现结构的平衡发展，进而达到最终的目的。而从系统建设来看，主要包含了四个方面的内容，分别是适应、目标达成、整合以及潜在模式维系。而在社会系统中，执行这四个功能的系统又分别包含了经济系统、政治系统、社会共同体系统以及文化模式托管系统。而从文化差异来看，显然在这四个功能系统方面存在很大的差异，进而导致人员激励体系受到很大的影响。

2.3.3　管理学分析范式下文化差异对人员激励体系的影响

运用管理学范式对企业管理进行分析是学术界发展的基本方向，从管理学范式研究来看，行为科学管理范式和规划管理理论范式是其中的重要组成部分，对于企业人力资源管理发展有着重要的影响。

1. 个体行为理论范式

个体行为理论范式是行为科学管理理论范式中的基本组成部分，同时也是指导现代企业人员激励体系构建的基本理论。个体作为一个组织中的最小单元，同时也是组织活动的执行者以及活动开展的基础。个体行为研究过程中，需要对支配人的行为动机进行研究，继而从中寻求激励人的积极性的基本原理。而从个体行为理论范式发展来看，其中又可以划分为以下几个重要理论。

（1）需求层次理论。

在企业人力资源激励管理过程中，每一个个体的实际需求均存在差异，如果其需求无法得到满足，那么就会对个体的行动积极性产生影响。著名学者亚伯拉罕·马斯洛在亨利·默里的研究基础之上，对人的需求进行分析，进而将其划分为不同的层次，这就是为人们所熟知的需求层次理论，需求层次理论的发展对于指导现代企业人力资源管理发展产生了巨大的影响。

按照马斯洛的需求层次理论，他将人的个体需求划分为五大类，同时这五大类型需求之间存在着相互作用和影响的关系。马斯洛按照人的需求重要性进行了先后顺序的排列，其中第一层次为生理需求，主要包含了维持人的基本生活以及繁衍后代的各种物质需求，在这一级没有满足之前，后续的其他需求也就无从谈起。第二层次为安全需求，人有免除威胁的各种需求，其中包含了保证自身身体不受威胁，同时也需要保障自身不受疾病危害等。第三层次为情感及归属需求，即个体在家属、朋友以及同事之间需要保持良好的关系，给予别人友爱以及帮助的需求。第四层次为尊重需求。人的自尊心以及自信心等各个方面都需要得到满足，都希望得到他人的认可和尊重。第五层次为自我实现需求。这是最后的层次需求，也就是指一个人需要完成相应的工作，并充分体现自己的价值。

从马斯洛的需求层次理论来看，中非项目人员在需求层次方面存在显著的差异，由于中非项目人员本身在文化、思想、民族以及出生地等各个方面均存在不同，这也就导致他们在工作过程中的需求有着很大的差异。比如说中非双方人员共同工作环境下，会有一方远离自己家庭所在地，他们的情感需求存在差异。再比如中非双方员工在工作过程中，对于尊重需求以及自我实现需求也会存在很大的差异，正是由于需求的差异，使中非人员激励体系有着本质的不同。

（2）双因素理论。

著名心理学家赫茨伯格 1966 年提出了双因素理论，在这一理论中他将影响企业人力资源激励的因素划分为了保健因素和激励因素两个因素，其中激励因素能够让人获得满足，这是属于激励层面的因素。包含了工作成就等，激励因素一旦能够得到满足，那么就能够实现个体与企业之间的协调发展，进而使工作效率得到提升。当然这些因素并不会导致不满情绪的出现。不满意因素则是指这些因素在缺乏的情况下会导致不满和消极情绪的出现，也就是保健因素。从保健因素所包含的内容来看，其中包含了金钱、安全、环境、政策等。在实际情况中员工的不满往往属于环境等问题。如果这些保健因素能够满足需求，那么就能够消除不满情绪，但是并不会导致积极性的上升，只是维持工作效率。

根据双因素理论来看，中非项目人员由于文化差异影响，在满意因素和不满意因素的构成方面就会存在很大的差异。中方员工由于长久以来受传统文化因素的影响，对于工作的认可度比较高，因此一般情况下，中国工人对于工作需求会表现出更大的宽容性，当需要加班工作的时候，一般只需要给予相对的报酬，那么就能够消除不满意情绪。但是在非洲员工的不满意因素中，他们对于生活和工作的态度存在很大的差异，他们更加看重生活的质量，即使给予他们足够的报酬，也很难消除可能出现的不满意因素，因此在人员激励体系构建的时候，从满意和不满意因素角度进行思考是构建的重要依据。

2. 规划管理理论范式

（1）系统管理理论。

系统管理理论是管理范式下的一个基本理论，根据系统管理理论内容来看，主要是从系统观点角度出发，认为企业是一个由相关联系和共同合作的要素与子系统之间达成一定组织目标所最终形成的整体。同时从企业系统来看，这是一个相对开放的系统，企业组织与周围的环境、顾客以及竞争者之间都会存在一定的互动利用关系，并且组织内部和组织外部在信息反馈方面会形成独特的网络，通过不断的调节，适应环境和自身实际发展需求。

系统管理理论的典型代表人物是卡斯特（Kast）、罗森茨威克（Rosenzweig）和约翰逊（Johnson），他们通过建立系统动态学理论实现了系统管理理论的进一步发展。从他们的研究来看，主要针对系统结构、政策等问题进行研究，同时就政策的系统增长性预测进行定量化发展，并就如何有效实现各组织职能的发挥，并对企业和系统中各个要素之间的相互影响因素进行分析。最后就如何有效设计企业经济系统进行研究。

按照系统管理理论成果认为整体是主要的，其余各个部门都是次要的。在企业系统中包含了很多的组成部分，他们之间存在相互联系的基本条件。同时系统中的各个部门又是不可分割的整体，所有的部门都是围着核心系统目标来发挥相应的作用。从企业组织系统性质以及职能来看，受到其所在系统中的地位影响，个体行为都是受到整体对部门的关系所影响，整体是系统结构，同时作为一个单元来行动，也就是一切都是根据整体来发展，然后逐步演变成为各个部门之间的关系。

从系统管理理论角度来看，中外员工在合作的过程中，他们所处的环境虽然有所差异，但是所围绕的整体是不变的，即都是为了能够完成某一工程项目。因此从系统管理角度来看，无论是中方员工或者是国际员工，他们都需要根据组织系统目标来决定相应的行为，而组织在构建激励体系时，必须要根据中国员工与国际员工所在的企业内部位置来进行衡量，根据工作的差异性给予合理的激励。即使中非双方员工在文化方面存在很大差异，但一旦服务于一个项目，那么二者在目标方面必然会实现协调统一，最终实现全方面发展。

（2）决策理论。

决策理论与系统管理理论之间存在非常密切的联系，其中代表性人物是美国著名学者赫伯特·西蒙，由于其在管理决策方面做出的突出贡献，因此在 1978 年被授予了诺贝尔经济学奖，这也是对其成就的一种肯定。从决策理论角度来看，他的观点主要表现在以下几个方面。

首先管理就是决策，按照西蒙的决策理论思想认为，组织也就是决策者个体所组成的一个系统，在这个组织中的任何一个成员所做出的第一决策便是是否需要进入这一组织，在进行决策的过程中，他必须要对自身能够为组织带来的贡献，以及能够从组织中获得的利益两个因素进行考虑。如果说组织能够给予他的利益相比贡献要大，就会促进其进入组织。个体作为组织内部成员参加组织决策之后，就需要为企业的发展做出各种各样的决策。当一个人进入一个企业组织之后，虽然说个体目标并不会消失，但会逐步退居到后位，而将组织目标放置到主要位置。组织需要将不同个体的决策收集到一起，以此作为组织发展决策的依据。因此任何一个独立的个体决策都不可能是完全客观合理的，在这样的前提下，决策也就成为了组织中大多数个体参与管理最终所产生的结果，换言之也就是混合决策。因此，要了解企业组织结构和职能，那么就必须要对成员的行为进行分析，同时还需要对影响这一群体行为的复杂性进行研究。组织的全部管理行为也就是决策，制订计划的过程同样是决策。

在西蒙的理论中，决策并不仅仅只是局限在相对固定的几个方案之中，而是包含了不同的阶段和过程，而决策根据其内容来看，又包含了四个阶段，分别是收集情报阶段、拟订计划阶段、选定计划阶段以及计划评价阶段。从西蒙的决策理论角度来看，在企业进行人员激励体系构建的时候，同样是一个决策的过程，体系的构建好坏也就是决策质量的高低。在决策的过程中，项目和企业组织管理者必然会对中方人力资源激励和非洲人力资源激励的背景进行分析，同时还会从决策角度出发，制订若干个决策方案，并就最终的实施成效进行合理的预测，而这也将成为人员激励体系构建的重点。

2.4 国际工程项目管理绩效的相关研究

2.4.1 国际工程项目管理绩效的概念及其解读

工程管理是正在不断发展的一门学科，主要是针对效率进行理论研究的一门学科，而关于工程项目管理绩效的概念界定研究目前有很多，其中工程项目管理绩效定义主要包含了工程绩效、工程项目管理绩效、项目成功以及项目管理成功等。

国际工程项目是一项综合性的国际经济合作方式。它是指国际工程承包公司通过招标与投标的方式，承揽海外工程或国内的涉外工程，并按照国际通用项目管理模式、遵循国际惯例执行的项目。

马建斌针对项目成功及项目管理成功进行了研究，他认为项目成功也就是实现了项目的预定目标，而项目管理成功则主要体现在对项目成本、质量等方面的管理目标的达成。[①] 宁瑶瑶在研究中同样指出，项目成功有着特殊性，相对于项目管理成功而言其涵盖的范围更广，同时项目管理成功一般是采用传统绩效项目来进行衡量，比如从预期时间、成

---

① 马建斌. 工程项目管理绩效评价实证研究 [J]. 四川建材, 2017, 43（03）: 178 – 180.

本等进行分析。另外还有一些学者认为对于项目成功以及项目管理成功的判断，应当要从项目目标层次角度出发来进行区分。①

关于工程项目管理绩效，目前同样有一些学者给出了自己的看法。其中尹贻林教授在研究中针对工程项目管理绩效进行了概括和界定，他在研究中分别从结果论和综合论的角度进行了分析。他认为工程项目管理绩效应当包含成绩和效率两个方面，是对项目建设成果的一种最终的反映。其中成绩也就是指项目是否能够达到预定的目标，因此成绩更加注重对成果的合理反映，而效率则重点是对成绩的反映，应在质量上对建设成果进行分析。从工程项目管理绩效来看，显然更加关注的是最终的结果。②

2.4.2　人员激励体系对国际工程项目管理绩效的影响

人员激励体系对国际工程项目的管理的进展会产生影响，影响主要包括个人心理影响、生活态度影响、工作效率影响。母国化的策略利用文化互补激励员工促进国际工程项目管理绩效提升。在进行文化差异管理时，国际工程项目应当分析历史、文化、政治等因素的影响，在相互理解与尊重的基础上对东道国与母国间的文化进行融合，充分实现东道国对母国文化的认同，使文化间的差异得到积极的利用，从而提高国际工程项目核心竞争力。

由此可见，人员激励体系在工程项目管理绩效改善中发挥了非常大的作用，从现代企业管理发展来看，人力资源开发是保证项目管理绩效改善的关键，具体而言人员激励体系构建对于工程项目管理绩效主要体现在人员积极性提升、项目人员行为规范化、项目管理效率提升三个方面。

1. 调动工程项目人员的工作积极性

完善的激励机制建设，对于提升员工工作积极性有着至关重要的作

---

① 宁瑶瑶. 基于项目集管理视角的大型工程项目管理绩效评价研究［D］. 青岛理工大学，2015.

② 尹贻林，徐志超. 工程项目中信任、合作与项目管理绩效的关系——基于关系治理视角［J］. 北京理工大学学报（社会科学版），2014，16（06）：41−51.

用。从需求层次理论角度来看，工程项目的实施主体是企业员工，而员工在参与工程项目建设过程中，内心需求存在很大的差异，因为只有在人的需求获得满足的情况下，人的积极性才能够提升，员工的积极性才能被充分调动起来，才能够实现工程项目管理绩效改善。人员激励体系的构建，正是基于人的需求角度，通过为员工提供必要的薪酬、福利等物质条件，保证员工的基本生理需求获得满足，同时通过实现安全建设，解决员工的安全需求，随后在工程管理过程中，通过不断地设置各种各样的目标，实现员工自我价值的发挥。基于员工需求角度，建立人员激励体系，能够极大地提升员工的工作积极性，进而对整个工程项目管理绩效产生积极的改善作用。

2. 规范人员行为

工程项目管理绩效管理的一个重点就是要实现人员行为的有效规范，进而保证项目施工过程能够按照要求来实施，并最终达成目标。而从人的本性角度来看，欲望和贪婪是人难以消除的负面情绪。而通过激励体系的构建，能够很好地实现内部和外部激励体系的协同作用，进而保证个体行为能够受到激励主体的正面引导，进一步强化个体的有利行为，对于不利行为进行有效的规避，并最终在行为上符合项目发展过程中各方面利益的需求，保证员工行为能够推动项目管理绩效发展。因此人员激励体系的构建，对于改善人的行为具有积极意义，同时对于改善工程项目管理绩效也将发挥重要的作用。

3. 提升工程项目管理效率

全方位、高效的工程项目管理激励机制的构建，能够保证工程项目人员的积极性，并实现行为的规范，从本质上来看，也是减少信息不对称程度，保证参加工程的人员能够积极主动地配合相关管理人员完善项目管理，进而有助于减少项目实施过程中所遭遇的各种摩擦，对于降低成本、提升工程项目组织体系内部的和谐度发挥重要的作用。另外从风险控制角度来看，人员激励体系的构建，能够进一步实现项目内部风险的有效控制，进而对提升工程项目管理效率提升具有积极的作用。

2.4.3　文化差异对国际工程项目管理绩效的影响

不同的文化差异引起不同的文化冲突，进而影响国际工程项目管理绩效，一般来说，文化差异引起不同冲突，进而影响国际工程项目管理绩效主要体现在五个方面：

1. 因风俗习惯以及宗教信仰的差异而导致的文化冲突，从而降低人员激励体系带来的工作效率、工作结果，进而影响国际工程项目管理绩效

宗教和信仰凝聚着一个民族的历史文化内核，是所有文化最核心的内容。不同宗教有着不同的倾向和不同禁忌，既影响各国人民的世界观及价值观，也影响企业的管理模式以及企业管理者的领导方式等。因为这种差异引起的冲突如果不谨慎处理会给国际工程项目带来负面影响。

2. 沟通方式差异引起的文化冲突，加剧沟通成本，进而影响国际工程项目管理绩效

因为项目人员来自不同的国家，因此语言沟通的障碍成为国际工程项目管理的一大难题。沟通过程中虽然可以使用翻译，但是翻译的业务能力以及表达方式因人而异，最终导致不同语言的项目人员无法充分沟通，进而引发冲突。即使项目人员能够使用对方的语言进行直接交流和沟通，但是仍然会因为表达方式的差异而造成误解和冲突。中国人的沟通方式含蓄委婉，而西方人则倾向于直接、坦率的沟通方式。所以在国际工程项目管理过程中与外籍员工进行沟通时，应该从对方的角度考虑，选择恰当的沟通方式，最好是直截了当表明自己的想法，而不是采用含蓄或反问的方式。这种差异引起冲突如果不谨慎处理，国际工程的要求、工期的质量、工程的完成、工程的成本等都会产生影响。

3. 人力资源管理差异导致的文化冲突，进而影响国际工程项目管理绩效

国际工程项目管理中加班问题是比较棘手的管理问题，中国市场通常具有"快鱼吃慢鱼"的显著特点，企业需要快速响应市场需求。如果遇到突发紧急状况时，中国员工往往会选择牺牲休息时间加班，但是外国员工通常不能理解和接受休息的时间用来工作，这种不同的工作习惯也容易引发冲突。如果不谨慎处理，则会对工期、工程的完成、工程的成本等都会产生很坏的影响。还会影响国际工程项目的声誉，甚至被东道主国家所黑。

4. 由管理者文化差异造成的文化冲突，进而影响国际工程项目管理绩效

据报道，联想收购 IBM 的个人电脑（PC）业务后，很快就遭遇到文化差异上的尴尬。联想高层在召开会议时，中方领导沉默不语，而美方代表滔滔不绝说个不停。在中国的传统习惯里，如果有话要说却选择沉默，就可能意味着反对对方观点，而在美国人的生活习惯里，沉默通常意味的是赞同。这种差异引起冲突如不谨慎处理，会给国际工程项目带来重大的影响，日常工作的管理，工作的进度、工程的完成、工程的成本等都会受到一定的影响，决定工程项目的最终走向。①

5. 由消费者文化差异引起的文化冲突，进而影响国际工程项目管理绩效

许多国际工程项目在母国经营良好，项目管理绩效很高，但是在国外却相对惨淡。如进入日本市场的麦当劳公司项目，该公司刚开始设计了小白脸麦当劳的滑稽形象进行广告宣传并进行促销，但以失败告终，麦当劳公司管理层百思不得其解，最后才了解到在日本白脸意味着死亡。所以公司吸取教训，将广告形象由小白脸麦当劳替换为麦当劳叔叔，结果当年的营业额翻了四倍。同样是在日本，荷兰飞利浦公司为了打开日本市场，经过认真考察日本人的消费习惯，发现日本人的厨房普遍狭小，且日本人的手掌小于西方人，于是便缩小咖啡壶尺寸、缩小剃须刀尺寸，经过改进后，便开始在日本营利。这种差异如果引起冲突如果不谨慎处理，也会给国际工程项目带来重要的影响，对工程项目的成本、当地的融入、员工的发展、人员的招聘等都会产生影响。②

---

① 陈媚. 中国企业海外并购文化整合案例研究 [D]. 杭州：浙江大学，2018.
② 吴友富. 全球化背景下中国企业海外经营的国际环境比较研究 [M]. 上海：复旦大学出版社，2015（08）.

　　总之，当母国文化与东道国文化之间存在着巨大差异时，特别在宗教势力强大的国家，最易产生文化碰撞和冲突，国际工程项目在管理中最有效的解决文化冲突的措施是充分发挥母公司外派管理人员的作用来规避冲突，并避免在敏感地带造成双方文化的冲突，同时要特别注意尊重当地的风俗习惯和宗教信仰。

　　本节从国际工程项目及其管理绩效的概念出发，分别先后论述了人员激励体系和文化差异对于国际工程项目管理绩效的影响，人员激励体系主要是个人心理、生活态度和工作效率三个方面影响国际工程项目管理绩效，而调动人员工作积极性、规范人员行为以及提升管理效率是有效解决三大影响的重要手段。针对文化差异，本书从"风俗习惯、沟通方式、人力资源管理、管理者文化、消费者文化"五个方面论述了其对国际工程项目管理绩效的正面影响，并阐述了文化差异通过影响国际工程项目的选择，进而对其管理绩效产生间接影响。

2.5　本　章　小　结

　　人员激励体系构建是企业人力资源管理的重要内容，通过人员激励体系的完善与发展，能够推动激励效率的提升，进而对整个工程项目的发展产生积极的作用。因此就这一点来看，人员激励体系与国际工程项目管理绩效之间有着重要的联系。从国际工程项目管理绩效角度来看，人员激励体系是增加工程项目管理绩效的重要手段，是实现提升绩效管理水平的重要途径。而从人员激励体系建设角度来看，通过建立人员激励体系推动工程项目管理绩效水平提升是主要目的。因此二者之间有着紧密的联系，通过建立人员激励体系能够进一步推动工程项目管理绩效能力的提升，并对整个项目的发展和管理产生积极的作用。

　　文化差异是国际工程项目的重要特点之一，文化差异的存在也是国际工程项目开展过程中面临各类困难的基础原因之一，是本书研究的一个重要问题。文化差异的不同程度，通过作用于项目人员，进而对项目管理产生影响，并最终作用到国际工程项目的管理绩效上。因此梳理文化差异对国际工程项目管理绩效的影响，是研究人员激励体系在文化差异下影响国际工程项目管理绩效的重要基础。

　　本章主要是对相关研究文献进行综述和述评，综述的逻辑路线遵循"先理论基础，再相关主题"的方式，其主要关注的是"人员激励体系""文化差异"和"国际工程项目管理绩效"这三个重要的变量及其相互关系。首先，本研究对经典的激励理论进行了基础研究；其次，从综合激励模型出发，探讨了内外部激励的相关研究结果。进而过渡到文化差异和人员激励体系的相关研究，分别从社会学、管理学、国际工程项目视角和其他视角等维度分析文化差异对于人员激励体系的影响。在此基础上，进而分别探讨人员激励体系和文化差异对于国际工程项目管理绩效的影响。

　　通过对相关研究的梳理发现，过去的研究大多集中于对"文化差异、人员激励体系和国际工程项目管理绩效"这三个变量两两间相互作用的分析，且较为完备，但是对于三者的共同作用、机理、效应等的研究，目前仍然处于空白阶段，特别是文化差异作为调节变量在人力资源激励和管理绩效之间的作用机理。而当前国际工程项目日益成为热点及主流，在这样的趋势下，文化差异下人员激励体系对国际工程项目管理绩效的影响研究较之于传统激励对管理绩效的研究，是否存在差异、有何不同，非常值得关注及深入剖析，这个命题，既能填补当前国内外研究的一个空白区域，并且其研究结论具有高度的现实指导意义。

　　在这样的背景下，本书将围绕这个命题，在理论综述的基础上，围绕人员激励体系的构建，人员激励体系在文化差异下对国际工程项目管理绩效的影响两大核心命题展开，并通过理论构建和实证分析，力求获得量化分析结果以便更好地掌握其中的规律含义。

第3章 嵌入文化差异的国际工程项目人员激励体系构建

本章从国际工程项目人员激励体系的特点出发，综合相关研究建立了体系构建的基本原则，并以扎根理论构建嵌入文化差异的国际工程项目人员激励体系。为了对人员激励体系进行结构化分析得出指标权重关系，在搜寻资料的过程中，通过调研获取了一个较为翔实的工程项目案例，并对其具象的人员激励体系以层次分析法进行指标重要性分析，其所得结果对后文的实证研究具有较好的支撑和铺垫，也对构建的人员激励体系内的结构特征、指标相互关系、重要性排序，有了进一步深刻的认识。

3.1 嵌入文化差异的人员激励体系建立原则

3.1.1 国际工程项目人力资源激励的特点

国际工程项目的人员激励体系有着不同一般项目的特殊性，根据夏银聚（2019）的研究，将国际工程项目人力资源激励的特点概括为以下四点：

1. 激励的复杂性

国际工程项目面临着不同的外部环境，不同国家和地区的法律法规和人力资源管理政策不同，不仅受到项目所在国政治、经济、文化、社会制度、风俗和宗教的影响，还受到所在国法律法规的约束。项目管理者只有充分了解当地环境和政策，才能有针对性地制定涵盖全体员工的激励政策。

2. 激励的差异性

推行项目用工属地化和国际化是工程项目执行的趋势所在，不同国籍、不同民族、不同用工形式的员工在同一项目、同一环境中工作，却执行着不同的报酬制度、税收政策、福利津贴和休假政策，这就要求项目管理者要根据不同类别员工的特殊性，实施差异性的激励政策，但又要合规和公平。

3. 激励的时效性

项目执行周期一般为 2～3 年，管理者在制定项目人力资源激励政策时，要结合项目实施的不同阶段或过程，适时采取不同的激励政策，既要确保阶段目标的完成，也能促进项目整体目标的实现。

4. 激励的艰巨性

国外执行项目不同，不仅要受到当地劳动管理部门的监管，还要受到当地工会组织的监督和检查，尤其是项目工会组织有时会向当地工会主管部门反映中外方员工的薪酬、福利、培训、休假、补贴等差异情况，当地主管部门有时将合理的差异视为民族歧视，干预项目的正常执行，这就要求管理者要制定科学合理的激励政策，加强对当地雇员的引导，积极协调与地方政府或社区的关系，承担必要的社会责任，为项目执行营造良好氛围。

3.1.2　嵌入文化差异的人员激励体系建立原则

根据国际工程项目激励的特点，在进行构建人员激励体系的时候所应遵循的要点，根据不同学者的研究总结为以下几点的设计原则：

第一，激励相容原则，即个人目标与国际工程项目管理绩效目标相结合、相一致。所谓激励相容，指的是制度所涉及各个成员的效用最大化目标与该项制度的总体目标相一致的状态。激励相容最早由美国教授威廉·维克里（William Vickiey）和英国教授詹姆斯·米尔利斯（James

A. Mirrlees）于 1996 年提出，由此开创了不对称信息条件下的激励理论，即委托代理理论。根据目标理论可知激励目标的设置是一个非常重要的中间环节，能促进激励的效果，并引导效益的实现。因此，在进行激励机制设计时，必须把国际工程项目管理绩效和人员目标结合起来，既与项目目标一致又能满足人员个性需求，在项目正常推进发展的同时，项目人员的个人目标也得到实现，由此获得较好的激励效果。

第二，物质激励与精神激励相结合。物质需要是员工的第一需要，没有物质需要精神需要就是空谈，但当物质达到一定程度时，根据马斯洛的需要层次论，员工就开始追求精神方面的需求，物质激励的效果就会减弱，此时就应该加强精神激励来满足员工需求，激发员工的主观能动性。只有将物质激励和精神激励有机结合，才能更加充分地调动员工的积极性，实现目标，取得良好的激励效果。

第三，正激励与负激励相结合。斯金纳的强化激励理论将激励分为正激励和负激励。其中，正激励是奖励符合企业需要的行为使其持续实现，而负激励则是惩罚那些与企业目标相悖的行为，杜绝其发生。正激励具有强烈的利益性和目标性，而负激励能够发挥全员覆盖性和规范性，二者结合起来，恰当运用，才能更好地发挥激励效果。

第四，适时适度与相对公平相结合。既要根据工程项目的时间节点合理安排不同的激励特色，来适应工程的进度与发展，以及不同阶段目标的实现与激励的有效性的变化情况。除了适时外，不同级别、不同岗位、不同用工形式的人员需求是不一样的，在进行激励机制设计时，要充分考虑员工的个体差异性，发现不同类别人员的优势需求并给予差别激励，体现适度。而在激励机制的设计和执行过程中都应该始终追求相对的公平，做好机会均等、考核标准相同、激励机制的实施公正，大力营造公平的竞争环境，才能保证激励机制发挥更大的作用。

第五，内在性激励与外在性激励相结合。根据综合激励模型和第 2 章的相关研究可知，内在性激励和外在性激励在不同的领域对工程项目产生重要的激励效果，相互补充，能更好地发挥激励体系对项目管理绩效的促进作用。

以上五点，是建立任何一个人员激励体系的最基本的设计原则。除此之外，文化差异作为国际工程项目的突出特点，尤其体现在项目人员之间的生活习惯和价值观念的差异，因此不同国籍的员工对于同一激励方式产生的反应却不尽相同，在构建激励体系时还应充分考虑到激励手段在不同国家间的适应性（是否遵从当地风土人情，文化特色）、可行性（是否有悖于当地的约定俗成的习惯及一般规律），以及效率的高低（是否兼容当地文化特色并起到了效果，提升效率）。在此基础上，下一节本书将通过扎根理论来完成人员激励体系的构建。

3.2　基于扎根理论的国际工程项目人员激励体系构建

借鉴人员激励体系的现有文献，再结合调查研究。本书采用扎根理论的方法分析获取的资料，包括访谈记录手稿、问卷、公司文件资料等，再集中整理出国际工程项目人员激励体系的记录性文字材料来进行分析。扎根理论由格拉泽和斯特劳斯（Glaser and Strauss）提出来的，是分析定性资料常用的研究形式。本书借鉴扎根理论所采用的编码方法，对资料进行分析。第一步，对资料进行开放性编码，将相同的或意思相近的词语和句子进行总结，找出最具有代表性的概念，形成初始编码。第二步，在初始范畴的基础上进行主轴编码，目的是找出范畴词的关系和逻辑次序，形成主范畴。第三步，在主轴编码基础上，通过邀请专家讨论、分析资料，进行选择性编码，得出研究模型。

本书在问卷调查时采集多企业样本支持扎根理论研究，在访谈时选择特定的企业进行，这种案例研究方法适于运用在特定情境下的问题研究（Eisenhardt，1989），国际工程项目人员激励体系也是特定情形下的研究问题。这种研究方法适于过程和机理类问题的研究，通过对多个企业案例加上多样本企业调查，可以得到更加严谨的结论，并且通过重复、复制的法则进行多案例研究能够大幅度提高研究准确性。

3.2.1　研究样本的选择

本书分别选取 A 国际工程项目公司、B 国际工程项目公司、C 国际工程项目公司作为典型样本研究的对象。案例企业选择标准为：（1）选取的都是国际企业，避免非跨国企业对研究的影响；（2）选取的企业都非常具有代表性，按照跨国的类型分为中非、中美、中欧。

出于大型工程企业海外业务保密性的需要，略去了相关的具体名字及信息，公司全称及员工姓名均以符号代替。

3.2.2 资料的收集

通过与案例企业的部分领导管理层和员工层进行访谈，获得了一手资料，并且获取会议记录、公司规章、公司报告等二手资料，这样可以尽可能确保信息的完整性和真实性。在电话访谈、当面访谈等多种形式获得一手信息、资料之后，将其进行了归纳整理。

3.2.3 资料分析与编码

1. 开放性编码

开放性编码是对原始语句进行缩编，运用概念和范畴来表达原始资料的内容。需要从原始资料中做起，从原始语句开始，一层一层地寻找相应的概念，从语句到标签，从标签到概念，从概念到范畴，部分编码如表 3-1 和表 3-2 所示。

表 3-1 受访者信息编码

被访者编号	性别	国别	公司职位	备注
M1	男	中国	总经理	在总经理办公室访谈
M2	男	他国	总经理	在总经理办公室访谈
F1	女	中国	市场经理	在市场经理办公室访谈
M3	男	中国	技术组长	在项目现场找到组长访谈
M4	男	他国	市场经理	在项目现场访谈偶遇
M5	男	他国	项目主任	在项目现场找到主任访谈
F2	女	他国	高级技工	项目现场随机访问
F3	女	他国	高级技工	项目现场随机访问
F4	女	中国	人力资源主管	项目办随机访问

被访者编号	性别	国别	公司职位	备注
M6	男	他国	项目现场主任	到项目现场随机访问偶遇
M7	男	他国	高级技工	项目现场随机访问
M8	男	中国	普通员工	项目现场随机访问

表 3 – 2   部分开放性编码示例

范畴化	概念化	部分主要的原始语句
成本上升	工人工资 人员引进成本	现在的劳动成本提高太多，我们付出的工资占比太高 人员引进越来越难，人员要求的待遇也在不断上涨
工作动力	工作的激励	我们公司现在干得多与少差别不大，所做工作的创新与否得到的报酬差别不大，工作与专业方向不相同
社会影响力	外部激励	由于参与国际工程项目，我得到同事、朋友和家乡人的赞美，我感到很满足，觉得有一点儿成就感
个人能力	能力提升	我们公司现在从事国际项目，把技术应用在国际领域，对原来的技术适应场景又提出新的挑战，我觉得自己适应了这种挑战，提高了能力
工资收入	劳动报酬	做同种事情，我在国际项目中的工资收入比国内高，虽然离家远，但是见到更多的文化，更多的体验，更多的收入，家人生活得到改善
社会保障	社会保险	在国际项目中的补贴比国内的补贴名目要多许多，保险金额也多许多，我觉得人身安全有保障，收入提高了
制度方面	人事制度	公司针对国际项目，制定了国际项目人员的劳动报酬、收入分配制度，公司还有国际工程项目人员晋升机制，使大伙有盼头
环境方面	内外部环境	参加国际项目让我看到国外的风光；参加国际项目让我和不同民族的人相处，我感觉是一个很好的人际体验；我们项目所有国的政局稳定，经济发展、法律法规比较健全。
发展激励	职业生涯	我觉得只要肯努力，在公司就有向上的发展通道，有待遇增长机制；公司在国际工程项目的开掘过程中也在不断发展壮大，员工的机会增加，只要我在技术上有进步，我的职业就有可能进步

2. 主轴编码

通过初始范畴中相同条目合并得到主轴编码相应条目，如表 3 – 3 所示。

表 3 – 3 主轴编码结果

主范畴	范畴	初始范畴	条目数
国际影响	经济影响	我的工作对国际经济发展有一定的促进作用	23
	社会影响	我的工作对国际关系友好做了一定的贡献	26
工作本身	工作有意义	工作对个人、对国家都具有重要意义	16
	工作有挑战	工作环境变化，对技术也有新的要求	18
个人能力	能力提升	适应不同情境，我的技术水平得到了提升，我的人际交流水平得到了提升	24
	视野提升	在国际工程项目中工作，接触到的人、事、文化更加多元，我看问题的角度更加全面了	30
社会地位	他人评价	员工由于参与国际工程项目提高了社会地位	26
	自我感觉	我对参与国际工程项目感到自豪	18
工资收入	基本底薪	在国际工程项目中工作，我的底薪也比国内高一些	16
	所得奖金	在国际企业工作，我的奖金比国内同类岗位高	32
社会保障	基本保障	获得国内一样的五险一金等基本保障	18
	其他保障	有额外的国际工作补贴，有人身安全保险	32
激励制度	物质激励	获得各类补贴，食宿免费有保障，带薪休假	22
	精神激励	获得公开表扬和其他精神类激励	20
环境改善	政治、经济环境	东道国的政治稳定，经济发展势头良好	17
	社会、技术环境	东道国的社会秩序良好，技术氛围很好，有技术优越感	31
发展前景	知识学习	我获得了许多培训的机会，了解到很多风土人情	40
	职位提升	我在国际工程项目中职位晋升机会和参与决策的机会大大提升	28

通过对主轴编码的分析得出以下结论：国际工程项目的人力资源激励可以从九个方面进行，分别是国际影响、工作本身、个人能力、社会

60

地位、工资收入、社会保障、激励制度、环境改善、发展前景。因为是人员激励体系，可以把上述概念进一步规范化表述，即国际影响激励、社会地位激励、个人能力激励、工作挑战激励、工资激励、保障激励、制度激励、环境激励、发展激励。

3. 选择性编码

选择性编码是对形成的主范畴进行分析。根据前述文献关于人员激励体系的研究结果以及文化差异对于人员激励体系构建的影响，可以把激励分成内在性激励与外在性激励。结合主轴编码，把规范化的激励类型，分为内在性激励和外在性激励，其中内在性激励包括国际影响激励、社会地位激励、个人能力激励、工作挑战激励；外在性激励包括工资激励、保障激励、制度激励、环境激励、发展激励。内在性激励中个人能力激励、工作挑战激励有相关研究进行了论述。特别是，前述文献中没有研究国际工程项目的国际影响对项目人员的激励作用，在实际访谈中了解到国际工程项目的员工在参与项目建设的过程中，由于感到自己的工作对两国经济发展、两国关系友好、个人能力提升、社会地位提高和工作挑战性增强有一定帮助，产生自我激励或自我价值肯定。同时员工由于参与国际工程项目感觉自己的社会地位提高了，对自身也产生了激励。所以在文献的基础上增加了国际影响激励与社会地位激励这两个指标。外在性激励是指国际工程项目的员工获得的企业的物质激励或精神激励，包括薪资、奖金（如绩效奖金、年终奖金）、保障（如养老保险、医疗保险、失业保险、工伤保险、生育保险和住房公积金）、补贴（如交通、电话补贴，外宿津贴）、带薪休假、免费食宿、员工安全、公开表扬、领导关心、晋升机会、参与决策权和培训机会等。鉴于外在性激励包含的内容较多，可以大致将其分为工资激励、保障激励、制度激励、环境激励和发展激励。

3.2.4　嵌入文化差异的人员激励体系的构建

基于扎根理论分析所开发的嵌入文化差异的人员激励体系构思，编制出对应2个维度的9个人力资源激励方式条目作为原始量表，构建国际工程项目人员激励体系的框架，如图3-1所示。

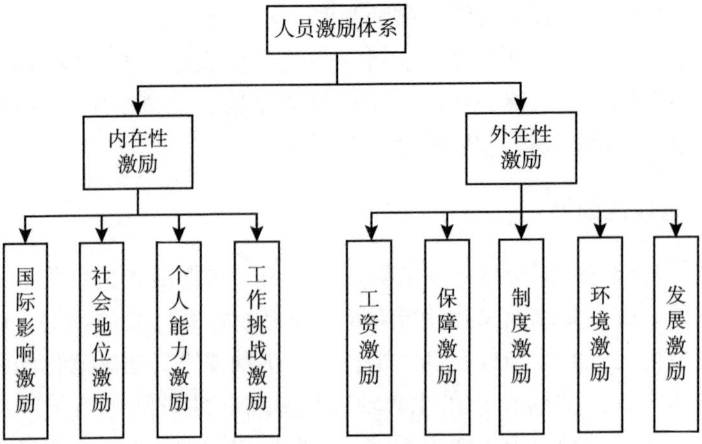

图3-1 嵌入文化差异的人员激励体系框架

同时，表3-4给出了人员激励体系中各个二级指标的具体含义。

表3-4 人员激励体系的指标解释

一级指标	二级指标	含义
内在性激励	国际影响激励	员工的工作对国际经济发展和国际关系友好做出了贡献而给予自身的激励
	社会地位激励	员工由于参与国际工程项目提高了社会地位而给予自身的激励
	个人能力激励	员工由于参与国际工程项目提高了个人能力而给予自身的激励
	工作挑战激励	员工由于感到工作的挑战性而给予自身的激励
外在性激励	工资激励	员工获得的底薪和奖金等企业给予的激励
	保障激励	员工获得的各类社会保障（如五险一金）等企业给予的激励
	制度激励	员工获得的带薪休假、免费食宿、各类补贴、公开表扬等企业给予的激励
	环境激励	员工获得的良好工作环境、良好同事关系、上级领导关心等企业给予的激励
	发展激励	员工获得的培训机会、职位晋升机会和参与决策机会等企业给予的激励

3.3　基于层次分析法的国际工程项目人员激励体系指标评价

上一节本书依据扎根理论完成了人员激励体系的框架构建，在嵌入文化差异的条件下，将人员激励体系根据综合激励模型分为了内在激励和外在激励两大类型，并分别进行了二级细分。为了在后文的实证分析时，充分考量不同二级指标对项目管理绩效的影响，因此有必要对内在性激励和外在性激励下的二级指标的重要性需要进行分析评价，这有助于更加精确地掌握人员激励体系的构成及内部要素间的相互重要性及其关系。为此，本研究根据所搜集掌握的资料情况，以一个客观实际的国际工程项目为切入点，并选择一个具体的项目分析人员激励体系中各要素的不同重要性及其激励效果。需要补充说明的是，选择中非国际工程项目主要基于三个因素：其一是中非文化差异较大；其二是笔者通过相关渠道已经获得关于这方面研究的相关基础资料，且较为全面具体；其三是中非之间的工程项目越来越多，其研究具有较好的代表性和现实指导意义。

3.3.1　中非国际工程项目的发展趋势、特点及存在问题

本节为一般性概述，分析了中非国际工程项目的发展趋势，总结了中非国际工程项目的特点，并整理了其当前存在的问题。中非国际工程项目的发展趋势主要从中国对外承包营业额的规模与增长速度两个角度进行判断。中非国际工程项目的特点主要体现在合作国家、合作环境、规模、类型、建设效率、参与员工以及项目影响等方面上。中非国际工程项目存在的问题主要有政局动荡、法律制度、自然地理、信用风险、环境污染和资源浪费、文化冲突等方面的问题。其中文化冲突问题重点体现在中非国际工程项目的人员安排上，对于文化差异的分析有利于人员激励体系的完整构建。

1. 中非国际工程项目的发展趋势

改革开放以来，中国与非洲国家的发展合作关系日益密切，中非国

际工程项目如同雨后春笋般不断涌现出来，各类基建项目、农林水利工程的顺利实施推动中国与非洲地区的经济发展与社会进步。2016 年，中国"一带一路"倡议的提出进一步深化了中非之间的合作，不仅合作项目的数量不断增加，而且合作项目的种类逐渐增多，项目规模逐渐扩大，项目的建设质量也在不断提高。根据国家统计局数据，2016 年中国对世界承包工程完成营业额为 1594. 1749 亿美元，而中国对非洲地区的承包工程完成营业额为 514. 6029 亿美元，占比达到 32. 28%。非洲地区存在着大量的物质资源和人力资源，非洲国家普遍盼望着实现工业化和经济多元化，中非合作可以实现优势互补。中非国际工程项目的实施对于促进中非地区之间的友好合作产生了巨大帮助作用，因此把握中非国际工程项目的特点和发展趋势有助于中非国际工程的顺利实施和发展。

（1）中国对外承包工程完成营业额。

首先，从中国对非洲和世界的承包工程完成营业额的变化趋势，以及中国对非洲的承包工程完成营业额占对世界的比例的变化趋势，分析中非国际工程项目的发展趋势及前景。

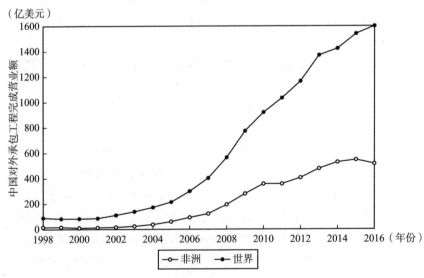

图 3 - 2　中国对外承包工程完成营业额

从图 3 - 2 可以看出，从 1998 年起，中国对世界的承包工程项目的完成营业额总体上处于不断上升的趋势，大致呈现出指数增长的趋势，2006

年以前的完成营业额的增长还较为平稳，从 2006 年之后，增长速度有了很大的提升。再看中国对非洲的承包工程项目的完成营业额，总体上也呈现出不断上升，并且增长的速度也不断增加，同样 2006 年之前的增长较为平缓，2006~2015 年的增长较为急剧。可以看出，随着经济全球一体化的不断推进，中国与世界各国之间的联系也越来越紧密。①

（2）中国对外承包工程完成营业额的增长速度。

为比较中国对非洲的承包工程完成营业额的增长速度与中国对世界的承包工程完成营业额的增长速度，表 3 - 5 给出了中国对非洲和世界的完成营业额的增长率数据，图 3 - 3 给出了中国对非洲的承包工程完成营业额与对世界的比重的变化趋势。

表 3 - 5　　　　　　中国对外承包工程完成营业额的增长率

年份	非洲（%）	世界（%）
1999	- 2.30	- 7.80
2000	- 40.02	- 1.68
2001	39.03	6.21
2002	19.00	25.78
2003	43.43	23.62
2004	46.59	26.24
2005	59.77	24.59
2006	53.05	37.81
2007	32.73	35.51
2008	59.57	39.29
2009	42.28	37.26
2010	27.51	18.61
2011	0.81	12.21
2012	13.05	12.74
2013	17.28	17.62
2014	10.62	3.84
2015	3.41	8.19
2016	- 6.07	3.47

---

① 赵曙明. 跨国公司在华面临的挑战：文化差异与跨文化管理 [J]. 管理世界，2013 (03)：76 - 81.

从表3-5中可以看出，从2003年到2010年，中国对非洲的承包工程的完成营业额的增长率一直大幅度高于对世界的承包工程完成营业额。从2012年到2015年，对非洲的增速基本与对世界的持平，逐渐趋于稳定。由此可以看出，近20年，中国与非洲地区的项目合作愈发密切。

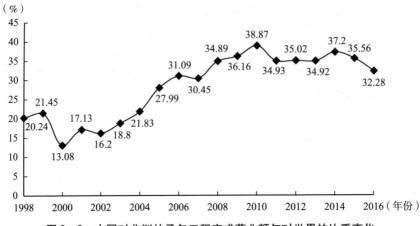

图3-3 中国对非洲的承包工程完成营业额与对世界的比重变化

从图3-3可以看出，中国对非洲的承包工程完成营业额占对世界的完成营业额的比重总体上呈现出上升的趋势，从最低2000年的13.08%上升到最高2010年的38.87%，这一段时期中国与非洲的项目合作逐渐增多。从2010年之后，比重大约维持在35%，2015年和2016年呈现出下降的趋势，但是随着中国"一带一路"倡议的提出，在未来的一段时期内，中国仍将与非洲地区保持着良好和不断稳固的合作关系。

2. 中非国际工程项目的特点

分别从中非国际工程项目的合作国家、合作环境、规模、类型、建设效率以及参与员工上总结中非国际工程项目的特点。

（1）项目合作国家的特点。

首先，根据2016年中国对非洲各国承包工程的完成营业额的数据，计算出对每个国家的承包工程完成营业额占对非洲整体完成营业额的比重，结果如图3-4所示。由图3-4可以知道，中国对阿尔及利亚的承包工程的完成营业额的占比最大，占16.39%；其次是对埃塞俄比亚的承包工程完成营业额，占9.14%。从总体来看，目前，中国与阿尔及利亚、埃塞俄比亚、肯尼亚、安哥拉、尼日利亚、埃及、刚果（布）、乌干达、赞比亚、坦桑尼亚、喀麦隆和苏丹等非洲国家的工程项目合作较为密切。这些国家大部分自新中国成立以来就与中国保持着良好的外交关系，与中国之间建立了深厚的友谊，并且这些国家的政治环境都较为稳定，社会安定，人民迫切希望能够实现工业化和经济多元化，希望能够借鉴中国改革开放的成功经验，希望能够走上富强的道路，中国作为发展中国家的带头人，也在这些国家发展的时候伸出了援助之手，继续加强中非之间的友好合作关系。

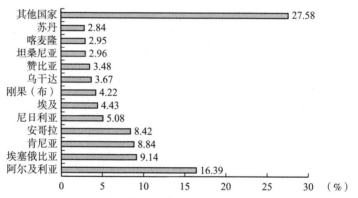

图3-4 2016年中国对非洲部分国家承包工程的完成营业额的占比情况

（2）项目合作环境的特点。

随着全球经济一体化程度的不断加深，国际贸易往来频繁，世界各国的经济大都在向好发展。从2001年到2015年，世界GDP的平均增长率为2.85%，而撒哈拉以南非洲地区的平均GDP增长率为4.99%，可以看出非洲地区在本世纪以来保持着高速的经济增长，已经搭上世界经济向好发展的列车。从图3-4和表3-5中也都能看出，中国对非洲的国际工程项目完成营业额一直保持着越来越快的增长趋势。因此，中非国际工程项目的合作环境正处于经济高速发展的阶段。

（3）项目规模的特点。

首先做出2016年中国对世界各地区的承包工程完成营业额的占比情况，以及2016年中国对世界各地区的承包工程派出人数的占比情况，如图 3 - 5 和图 3 - 6 所示。从图 3 - 5 可以看出，2016 年中国对非洲的承包工程完成营业额占世界的 32.28%，仅次于亚洲的 48.21%，比欧洲、拉丁美洲、北美洲和大洋洲等地区的总和还要多。同时从图 3 - 6 可以看出，2016 年中国对非洲承包工程的派出人数占对世界派出人数的 31.07%，仅次于亚洲的 61.19%，同样比欧洲等其他地区的总和还多。于是，从国际工程项目的金额和人员参与数量上，均反映出中国对非洲地区的承包工程规模之大。

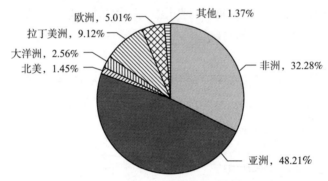

图 3 - 5　2016 年中国对世界各地区的承包工程完成营业额的占比情况

资料来源：商务部发布《2016 年度中国对外承包工程统计年报》。

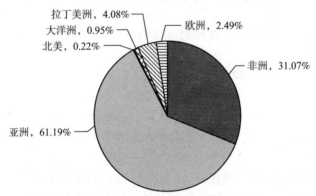

图 3 - 6　2016 年中国对世界各地区承包工程派出人数的占比情况

资料来源：商务部发布《2016 年度中国对外承包工程统计年报》。

（4）项目类型的特点。

中非合作初期，工程项目主要是铁路、工厂、水利等基建项目，但是随着世界经济的多元化发展，中非之间的合作工程项目已不再局限于基础设施建设，互联网技术、信息工程、金融合作、产业合作等方面的工程项目不断涌现出来，丰富了中非国际工程项目的类型。

（5）项目建设效率的特点。

中国一直强调科技创新的重要作用，创新驱动发展战略的提出更加印证了这一点，中国与非洲地区之间的技术交流，以及中非地区各自的技术创新过程，都会对项目的建设效率产生巨大的提升作用。因此，中非国际工程项目的建设效率逐渐提高，并且项目成果质量也不断提升。

（6）项目参与员工的特点。

首先从图 3-6 可看出，中国对非洲承包工程的派出人数占对世界派出人数的 31.07%，这说明中非国际工程项目中的员工主要来自中国和非洲国家。存在员工之间的文化差异也是中非国际工程项目的一大特点，正确处理好中非员工之间的文化差异，对于促进中非国际工程项目管理绩效的提高，推动中非国际工程项目的发展，有着重要的作用。

3. 中非国际工程项目中存在的问题

尽管近年来中非国际工程项目正处于高速发展的时期，但是在中非国际工程项目的建设和发展过程中，依然存在一些问题，需要客观面对和妥善处理。中非国际工程项目存在的问题主要可以从政局动荡、法律制度、自然地理、信用风险、环境污染和资源浪费、文化冲突等方面进行概括。

（1）政局动荡。虽然与中国保持着密切联系的非洲国家的政局相对稳定，但是非洲地区依然存在着反政府、反社会的势力，这是长期以来贫穷和疾病带来的问题，边界领土的纠纷、宗教的冲突更加剧了社会的动荡，对国际工程项目人员的人身和财产安全产生了不稳定因素。

（2）法律制度。中国与非洲国家之间的法律制度必然存在着一定的差异，而且非洲国家和部落众多、文化多样，国际工程项目在非洲地区的投标、建设、交割就变得模棱两可，难以把握。特别在中国企业与非洲国家签订工程合同时，法律制度的漏洞和不一致性就会导致工程存在一定的风险，这就在一定程度上阻碍了国际工程项目的实施。

（3）自然地理。非洲大陆的自然条件相对恶劣，地形复杂多变，气候环境与中国存在着较大差异，而如果中国企业对于非洲自然地理了解不够深入的话，就会给企业的建厂、采购和项目的施工造成一定的困难，情况严重的话更会带来较大的财产损失和人员伤害。除此之外，中国企业外派到非洲的员工对于当地的气候也会感到不适应，这对中国员工的工作也带了一定的挑战和困难。

(4) 信用风险。信用风险源自多方面的综合原因，政局的动荡、社会的不稳定、法律制度的不一致性、复杂的自然地理环境等都会对中非国际工程项目的顺利实施产生一定的信用风险。如当地的武装冲突、法律制度上的漏洞、突发的自然事件造成项目的延期、完成质量的下降，甚至工程款的拖欠等。

(5) 环境污染和资源浪费。中国企业在非洲地区的建厂、施工和生产等活动必然会对当地的环境产生一定的影响。尽管中国为非洲国家带来了较为先进的生产技术，但是依然由于当前技术的缺陷会对当地的环境造成一定的污染，如何减少环境污染和技术创新也是国际工程项目面临的一大问题。与环境污染问题相对应的就是资源的浪费现象，非洲大陆由于长期未得到充分的开放利用，给人们带来了资源取之不尽、用之不竭的假象，尽管非洲资源物种的丰富，但是在国际工程项目的建设过程中，仍然应当遵循节约资源和环境保护的基本原则。

(6) 文化差异冲突。非洲大陆的部落众多，文化和风俗习惯等复杂多样，语言、生活习惯和宗教信仰各具特色，尤其是语言就给中国企业在非洲工程项目的实施带来了巨大的困难，交流沟通存在障碍给合同的签订、原料的采购、分包商的合作、项目工程的评估和交工带了一定的风险。中国企业员工在与非洲人民打交道时，如果忽略传统习俗就可能与当地居民发生冲突。中非国际工程项目的员工来自世界各地，但主要以中国和非洲人民为主，因此项目的员工之间存在文化差异问题。于是后文在构建中非国际工程项目的人员激励体系，应重视文化差异性的存在，针对不同国籍的员工，所采用的激励方式会存在一定的差别，但同时又有一定的共性，为了最大限度地激励国际工程项目的员工，同时尽可能降低激励成本，项目管理层在构建人员激励体系时，就需要充分考虑到文化差异问题。

3.3.2 尼日利亚水泥厂项目的人员激励体系研究

为了获取中非国际工程项目人员激励体系的资料信息，本节以尼日利亚水泥厂项目为例，首先建立资料收集框架，并设计访问提纲，对项目的副总经理及相关人员进行深度访谈，将访谈获得的信息进行了整理，主要包括项目的背景信息和项目的人员安排信息，最后以项目的副总经理为代表的管理层人员，针对人员激励体系下各个方案和指标的相对重要性进行专家评价，进而以采用层次分析方法比较人员激励体系下各个指标的相对重要性奠定了基础。

1. 项目的背景信息

为了更加准确地掌握尼日利亚水泥厂项目的人员激励体系，全面地了解该项目的背景信息是十分必要的。人员激励体系的建立及指标重要性的比较需要结合中非国际工程项目的具体特点，通过以尼日利亚水泥厂项目为例，具体从全局视角收集尼日利亚水泥厂项目的背景信息，对项目基本概况进行描述，包括了解项目名称、项目实施地点、项目的业主或者合作方企业名称、项目的类型及所处的行业、项目所在地的投资环境、项目的特点和难点等项目的基本概况。

根据表 3-6，首先，尼日利亚水泥厂项目的主要工作任务是负责水泥生产线的基础设施建设，由此可知该项目主要以普通工人为主。其次，该项目所在地的投资环境良好，市场很大，项目的盈利前景乐观，由此可知物质上的经济奖励对于项目人员的重要性较大。再次，项目的特点是承包项目全过程的 EPC 建设模式，施工环境全封闭，员工主要由中国员工与当地员工组成，因此在封闭和陌生的环境中，项目人员更需要获得一个安全、稳定和温馨的工作环境，这对于项目人员的精神激励也是非常重要的。最后，项目的难点在于分包工作的协调、责任界限不清晰和文化冲突问题，由于这些问题的存在，员工更加想要去追求稳定的工作环境、奖惩分明的制度，以及和谐的人际关系，这些既包含了对于员工的外在性激励需要，又包含了对于员工的内在性激励需要。

表 3-6　　　　　　　　　尼日利亚水泥厂项目的背景信息

问题	回答内容
项目名称	尼日利亚 dangote（丹格特）日产 6000 吨水泥生产线项目
项目施工地	尼日利亚

问题	回答内容
项目合作方企业的名称	总承包商是葛洲坝集团，当地的合作企业是 dangote（丹格特）公司
主要的工作任务	负责生产线的基础建设
所在地的投资环境	总体来说市场很大，但是风险也客观存在，就整个非洲而言，尼日利亚的经济活力较强
项目的特点和难点	特点：采用 EPC 建设模式，全封闭式的施工环境，存在中国员工与当地员工； 难点：分包工作的协调、责任的分配、文化冲突等

2. 项目的人员安排信息

在了解了尼日利亚水泥厂项目的背景信息之后，为了直接获取该项目的人员安排信息，从而掌握该项目人员激励体系的构成，建立了尼日利亚水泥厂项目的人员安排资料收集框架，通过对该项目 27 名相关人员（包括项目副总经理 1 人、人力经理和主管各 1 人、生产线副经理和主管各 1 人、生产线员工 10 人、办公室主任 1 人、办事员 5 人、外方司机 3 人、保安 3 人）的深度访谈，收集了尼日利亚水泥厂项目人员的基本构成、员工的学历及技术水平、项目的人力资源激励方式、人力资源激励的效果、人力资源激励方式的建议以及人员之间文化冲突问题的解决方法。

水泥厂人员情况如表 3 - 7 所示。首先，从员工的基本构成上看，参与尼日利亚水泥厂项目的员工绝大部分都是中国员工，因此在建立项目人员激励体系时，应重点考虑中国员工的需求。中国员工远离家乡，不仅会产生物质上需求如高的薪水，还会产生很多精神上的需求如与家人的联系等。其次，从员工的学历及技术水平上看，中国员工的学历水平相对当地员工的学历水平要高，因此在满足员工基本的物质需求的基础上，需要进一步满足员工的精神需求。该项目当前的人力资源激励方式主要有对于中国员工，通过在项目的重大里程碑事件或者中国节日的时候发放一些礼品和奖金，举办一些团聚活动等。而对于当地员工，应通过加薪等物质手段进行激励。从人力资源激励的效果上看，针对基层、管理层、领导层等不同层次的员工，应采取不同的激励手段并且从成本的角度考虑激励的大小也适度。项目副总经理给出的人力资源激励方式的建议是项目完工后一起旅游庆祝或者发奖金，但是同时指出激励的实际操作难度大，主要是因为施工期内人员轮换频繁，流动性大。针对项目人员之间的文化冲突问题，尽管存在语言不通的问题，但是很多事情通过一些基本的英语词汇和肢体语言也能很好地完成交流，通过经常性地组织一些联谊活动，可以促进各国员工之间的交流沟通。

表 3-7　　　　　　　　　尼日利亚水泥厂项目的人员安排信息

问题	回答内容
员工的基本构成	80% 以上参与项目的员工都是中国人，高峰时期平均一个项目大概有 400～500 名中国人
员工的学历及技术水平	中国员工的学历和技术水平较高，当地员工的学历和技术水平较低
人力资源激励方式	重大里程碑事件的时候，会发一些礼品或者奖金，逢年过节也会给予一些奖励。 当地人员的激励较为简单，给予加班费作为激励，遇到当地节假日时，会发放一些小礼品和奖金。当地员工的激励额度不大，项目部能够自行解决，中国员工的激励较为麻烦，两者激励的尺度不同，绩效也不一样
人力资源激励效果	对于管理人员，激励小了，吸引力不大，激励过大导致成本过高，效果也一般。对于领导层，有年终奖。对于基层管理层和基层岗位，没有年终奖。年终奖金实际是确定的，缺少浮动和不确定性，因此效果也不明显
人力资源激励方式的建议	建议项目完工之后一起旅游庆祝或者发点奖金。但是实际操作难度大，主要是因为施工期内人员轮换频繁，流动性大
人员之间文化冲突问题的解决方法	不同国籍的员工之间存在差异与冲突。按种族分小群体，没有很好的文化融合。语言方面的障碍较小，通过一些基本词汇和肢体语言都能完成沟通。经常性地举办一些联谊活动或者团队合作活动，加强不同国籍员工之间的交流

3. 人力资源激励方式的重要性比较

为了采用层次分析方法评价人员激励体系各项指标的重要性大小，需要通过设计人力资源激励方式重要性的配对比较量表。比较量表的比较一是由项目的高层管理者（尽量包含中国的和外国的）从专业的角度，结合国际工程项目的实际特点，给出人力资源激励方式两两之间的比较结果。二是由中低层管理者（尽量包含中国的和外国的）根据自己的管理经验，结合自身感受，给出人力资源激励方式两两之间的比较结果。三是由基层员工根据自身对激励制度的感受与体验，给出人力资源激励方式两两之间的比较结果。最后对三种类型人员给出的结果进行综合，用加权方法进行处理。根据处理结果，再邀请专家学者对结果进行评价，根据情况作出适当的修正。采用 1～5 标度对人力资源激励方式两两之间的相对重要性进行赋值，赋值的规则如表 3－8 所示。

表 3－8　　　　　　　　　**重要性比较的 1～5 标度规则**

赋值	具体含义
$a_{ij} = 1$	第 i 个变量与第 j 个变量对上一层次同样重要
$a_{ij} = 2$	第 i 个变量相对第 j 个变量稍微重要
$a_{ij} = 3$	第 i 个变量相对第 j 个变量比较重要
$a_{ij} = 4$	第 i 个变量相对第 j 个变量很重要
$a_{ij} = 5$	第 i 个变量相对第 j 个变量非常重要
$a_{ij} = 1/2$	第 i 个变量相对第 j 个变量稍微不重要
$a_{ij} = 1/3$	第 i 个变量相对第 j 个变量比较不重要
$a_{ij} = 1/4$	第 i 个变量相对第 j 个变量很不重要
$a_{ij} = 1/5$	第 i 个变量相对第 j 个变量非常不重要

　　首先，表 3－9 给出了对于人力资源激励这一目标来说，内在性激励相对外在性激励的重要性大小。我们综合了项目基层员工（包含中国籍员工和国际员工）、以项目副总经理为代表的中高层员工的访谈中给出的主观评价得出，内在性激励相对外在性激励较不重要。综合我们根据访谈获取的项目信息，我们发现其主要原因是绝大多数的中非国际工程项目都是以基础的生产设备或生产线的建设为任务，所完成的建设工作技术含量不是很高，另外项目大部分的员工都属于基层的建筑工人，员工大多为中国籍员工，并且大多数的项目人员为了赚取较高的薪水，才会愿意远离家乡在外工作，尽管也会有少部分员工是以促进国际关系和提升个人能力为主要的工作目的。因此给予中非国际工程项目人员的物质性激励的效果要比精神性激励的效果更大。

表 3 - 9   内在性激励与外在性激励的相对重要性

目标	方案比较	重要性
人力资源激励	内在性激励相对外在性激励	1/3

其次，表 3 - 10 给出了内在性激励下各个指标的相对重要性大小。从给予项目人员的内在性激励角度来看，给予员工的个人能力激励是最为重要的，然后是社会地位激励。因为个人能力激励是指员工由于参与国际工程项目提高了个人能力而给予自身的内在性激励，社会地位激励是指员工由于参与国际工程项目提高了社会地位而给予自身的内在性激励，根据"理性经济人"的思想，员工的最终目的是使其个人的利益最大化，于是，个人能力的提升对于其激励作用是最大的，其次是个人社会地位的提高。工作挑战和国际影响带来的激励效果会小于个人能力和社会地位的激励效果，工作挑战激励是国际工程项目本身具备的挑战性吸引着具有冒险精神的员工，而国际影响激励作用于那些爱好维护国际关系，促进我国外交事业发展的爱好和平的员工们，这两种激励作用的深度和广度都明显要小于个人能力激励和社会地位激励。

因此，由表 3 - 10 的专家比较结果，就内在性激励方式而言，国际影响激励相对社会地位激励很不重要，国际影响激励相对个人能力激励非常不重要，国际影响激励相对工作挑战激励稍微不重要；社会地位激励相对个人能力激励稍微不重要，社会地位激励相对工作挑战激励比较重要；个人能力激励相对工作挑战激励很重要。

表 3 - 10   内在性激励指标的相对重要性

方案	指标比较	重要性
内在性激励	国际影响激励相对社会地位激励	1/4
	国际影响激励相对个人能力激励	1/5
	国际影响激励相对工作挑战激励	1/2
	社会地位激励相对个人能力激励	1/2
	社会地位激励相对工作挑战激励	3
	个人能力激励相对工作挑战激励	4

　　首先，表 3 – 11 给出了外在性激励下各个指标的相对重要性大小。从给予项目人员的外在性激励的角度来看，工资激励仍然是中非国际工程项目人员外部性激励中最重要的激励方式，主要是由于项目的员工大多数以基层员工和技术员工为主，为了获取丰厚的报酬是他们参与国际工程项目的主要原因，因此工资上的激励会给他们带来更大的效用。其次是环境激励，结合中非国际工程项目的特点，由于项目的施工地点处于尼日利亚，当地的政治局势和社会环境较为复杂，存在当地武装势力暴乱的情况，因此员工很大的一部分需求会来自人身安全和稳定的工作环境的保障，于是环境激励的效果也是很重要的。其次是发展激励，是指员工获得的培训机会、职位晋升机会和参与决策机会等企业给予的激励，这是员工从个人的发展前景和职业生涯角度去考虑，能够参与国际工程项目的工作需要付出一定的艰辛与努力，所以往往最后获得的晋升机会等会更加丰富，于是发展激励也是较为重要的激励方式。最后，保障激励和制度激励在中非国际工程项目的背景下，相对于工资激励、环境激励和发展激励的重要性较小，主要是因为中非国际工程项目给予的各类社会保障以及带薪休假、各类补贴、公开表扬等企业制度较为完善，而且相对于工资、环境和发展机会的需求，这类需求较小。

表 3 – 11　　　　　　　　外在性激励指标的相对重要性

方案	指标比较	重要性
外在性激励	工资激励相对保障激励	4
	工资激励相对制度激励	4
	工资激励相对环境激励	2
	工资激励相对发展激励	3
	保障激励相对制度激励	1
	保障激励相对环境激励	1/3
	保障激励相对发展激励	1/2
	制度激励相对环境激励	1/3
	制度激励相对发展激励	1/2
	环境激励相对发展激励	2

因此，由表 3-11 的专家比较结果，就外在性激励方式而言，工资激励相对保障激励很重要，工资激励相对制度激励很重要，工资激励相对环境激励稍微重要，工资激励相对发展激励比较重要；保障激励相对制度激励一样重要，保障激励相对环境激励比较不重要，保障激励相对发展激励稍微不重要；制度激励相对环境激励比较不重要，制度激励相对发展激励稍微不重要；环境激励相对发展激励稍微重要。

3.3.3　国际工程项目人员激励体系的评价

1. 评价的含义及其方法

评价与价值的关系密切，评价是主体对客体价值的判断。王永伟（2007）认为评价是指主体对客体与主体需要间的价值关系的主观判断，他将评价的特点概括为：（1）主观性。它是主体对价值事实的主观反应。（2）主体性。评价反映的内容并不是客体本身，而是客体对主体的意义和主体的价值需求。（3）评价要借助于一定的评价标准或规范，它们反映了主体需要，是按照主体的需求来制定的。（4）评价结果不仅有描述意义和认知意义，而更主要的是其对价值的性质、大小、变化及可能性的规定性意义，它服务于主体的时下选择和行为方向。

本书探讨人员激励体系中指标的相对重要性，并做出评价，即对激励体系中二级指标的重要性进行量化分析，并确定权重大小。学术界评价方法分为三类，质化评价方法、量化评价方法和质—量结合评价方法，本书采用的是量化评价方法。它是指利用测量方法收集体系内的数据，应用数学方法分析得到结果。20 世纪 70 年代，随着西方出现了现代系统思想影响下的评价研究方法，量化评价方法也开始遵循系统论，建立层次模型进行精确的分析与评价，强调规范化的评价操作过程，其典型的是结构化分析，即利用结构方法来形成有系统思维的量化评价方法。其基本思路是以系统的思维构建完整的体系评价因素模型，通过数学模型的分析来探求体系内要素之间的 "结构—功能" 关系，其主要思路如图 3-7 所示。

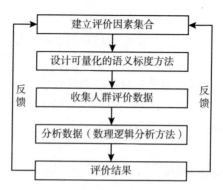

图 3 – 7   结构化分析评价流程

本节将采用层次分析方法对尼日利亚水泥厂项目人员激励体系中的相关指标重要性进行分析评价。层次分析法（简称 AHP），是指将与决策总是有关的元素分解成目标、准则、方案等层次，在此基础之上进行定性和定量分析的决策方法。该方法是美国运筹学家匹茨堡大学教授萨蒂于 20 世纪 70 年代初，在为美国国防部研究"根据各个工业部门对国家福利的贡献大小而进行电力分配"课题时，应用网络系统理论和多目标综合评价方法，提出的一种层次权重决策分析方法，层次分析法的主要思想是将复杂问题分解为若干层次和若干指标，对比两两指标间的重要程度，建立判断矩阵，通过计算判断矩阵的最大特征值以及对应特征向量，得出不同指标的权重，从而对目标层作出科学评价。

因此，本书的分析次序是：首先建立层次结构模型，按目标层、方案层和指标层逐层分解对项目人员激励体系有重要影响的因素；其次通过变量间的两两比较构造判断矩阵，并进行判断矩阵的一致性检验，只有当一致性比率 CR 满足一定要求时，才能进行后续分析；再次利用标准化后的判断矩阵的最大特征值对应的特征向量作为权向量进行层次的单排序；最后再依据层次单排序的结果，从最高层向最底层进行层次的总排序，评价各种人力资源激励方式的重要性大小。

2. 层次结构模型的建立

层次结构的建立是否合理、简洁和全面对于准确分析尼日利亚水泥厂项目管理绩效的高低至关重要，因为判断矩阵的构造、层次的排序等步骤都将基于这个层次结构进行。传统的层次分析方法将层次结构分为目标层、准则层和方案层，本书将依据中非国际工程项目的人员激励体系构建层次结构示意图，将层次结构分成了目标层、方案层与指标层，具体如图 3 - 8 所示。

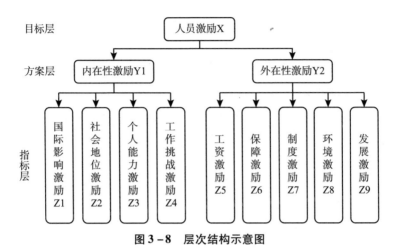

图 3 - 8　层次结构示意图

3. 判断矩阵的构造

采用专家判定法构造方案层与指标层中两两比较的判断矩阵，即根据对尼日利亚水泥厂项目副经理的访谈结果，首先将方案层中的变量即内在性激励和外在性激励进行两两比较，判断它们的相对重要性，赋予每个变量相对应的权重值；其次将内在性激励下的国际影响激励、社会地位激励、个人能力激励和工作挑战激励等变量进行两两比较，判断它们之间的相对重要性，赋予每个变量相对应的权重值；同样地，再将外在性激励下的工资激励、保障激励、制度激励、环境激励和发展激励等变量进行两两比较，判断它们之间的相对重要性，赋予每个变量相对应的权重值。表 3 - 9、表 3 - 10 和表 3 - 11 已经给出了尼日利亚水泥厂项目管理层对于人力资源激励方式相对重要性的两两比较结果，现在需要将比较结果转化为两两比较的判断矩阵。

根据表 3 - 9，构造目标层下的方案层两两比较的判断矩阵，如式 (3 - 1) 所示：

$$A = \begin{pmatrix} 1 & 1/3 \\ 3 & 1 \end{pmatrix} \qquad (3 - 1)$$

根据表 3 - 10，构造内在性激励下指标层两两比较的判断矩阵，如式 (3 - 2) 所示：

$$B_1 = \begin{pmatrix} 1 & 1/4 & 1/5 & 1/2 \\ 4 & 1 & 1/2 & 3 \\ 5 & 2 & 1 & 4 \\ 2 & 1/3 & 1/4 & 1 \end{pmatrix} \qquad (3-2)$$

根据表 3 - 11，构造外在性激励下指标层两两比较的判断矩阵，如式 (3 - 3) 所示：

$$B_2 = \begin{pmatrix} 1 & 4 & 4 & 2 & 3 \\ 1/4 & 1 & 1 & 1/3 & 1/2 \\ 1/4 & 1 & 1 & 1/3 & 1/2 \\ 1/2 & 3 & 3 & 1 & 2 \\ 1/3 & 2 & 2 & 1/2 & 1 \end{pmatrix} \qquad (3-3)$$

4. 层次的单排序

层次的单排序是指同一层次的各个变量相对于上一层次某个变量的相对重要性的权值排序。为了进行层次单排序，需要计算各个判断矩阵的特征值和特征向量，并找出其中的最大特征值及其对应的特征向量，然后就能根据最大特征值对应的特征向量的各个分量大小，对该层次变量相对于上一层次相对应的某变量的重要性排序。利用 Matlab 计算判断矩阵 A、B_1 和 B_2 的最大特征值及其对应的特征向量，结果如表 3 - 12 所示。

表 3 - 12　　　　判断矩阵的最大特征值及其对应的特征向量

矩阵	最大特征值	对应的特征向量
A	2	$(0.3162, 0.9487)^T$
B_1	4.0484	$(-0.1302, -0.5115, -0.8233, -0.2089)^T$
B_2	5.0364	$(-0.7881, -0.1664, -0.1664, -0.4890, -0.2906)^T$

5. 判断矩阵的一致性检验

判断矩阵的一致性是指专家在对指标间两两比较赋予权重值的时

候，这种主观判断思维的逻辑是否一致或相互矛盾，如变量之间相对重要性的传递性质，例如当甲相对乙更加重要，而乙相对丙更加重要时，显然甲一定比丙更加重要。但是由于实际事物系统的错综复杂，人们对事物的主观认识往往具有片面性，因此要达到思维逻辑的完全一致是非常困难的。于是在对一个判断矩阵进行单层排序后需要对判断矩阵进行一致性检验。

一致性指标 CI 的计算公式如式（3 - 4）所示：

$$CI = \frac{\lambda_{max} - n}{n - 1} \tag{3 - 4}$$

其中，λ_{max} 为判断矩阵的最大特征值，n 为判断矩阵的维数。当 $\lambda_{max} = n$ 时，CI = 0，即该判断矩阵的逻辑完全一致；CI 值越大，判断矩阵的一致性越差；通常 CI≤0.1 时，判别矩阵的一致性就能接受，否则需要重新进行两两比较判断。各个判断矩阵的一致性指标 CI 的计算结果如表 3 - 13 所示。

表 3 - 13　　　　　各个判断矩阵的一致性的计算结果

判断矩阵	一致性指标 CI	一致性结果
A	0	完全一致
B_1	0.016	一致性很好
B_2	0.009	一致性很好

从表 3 - 13 的结果可以看出，每个判断矩阵的一致性指标 CI 均小于 0.1，表明各判断矩阵的一致性较强，不需要重新进行两两比较。

6. 层次的总排序

该部分将依据层次单排序的结果，即表示同一层次的变量相对于上一层次某变量的重要性的权重向量，计算最底层即指标层相对于最高层即目标层的权重排序，因此需要自上而下地将单个阶段层下的权重进行合并，最后得到总的排序权重。

（1）特征向量的标准化处理。

在进行层次的总排序之前，需要将各个判断矩阵的最大特征值对应的特征向量进行标准化的处理，即使其各个分量都大于 0 并且和为

1。这个标准化后的特征向量就是权向量，它的每个分量就表示每个变量相对于上一层次变量的重要性大小。假设最大特征值对应的特征向量为 $\vec{v} = (v_1, v_2, \cdots, v_n)^T$，那么标准化的计算公式如式（3-5）所示：

$$v_j^* = \frac{v_j}{\sum_{j=1}^{n} v_j} \qquad (3-5)$$

于是经过标准化后，判断矩阵的权向量如表3-14所示。

表3-14 判断矩阵的权向量

判断矩阵	权向量
A	$(0.2500, 0.7500)^T$
B_1	$(0.0778, 0.3056, 0.4918, 0.1248)^T$
B_2	$(0.4146, 0.0876, 0.0876, 0.2573, 0.1529)^T$

（2）层次的单排序结果。

在进行层次总排序之前，根据标准化得到的权向量，对每个层次的变量相对于上一层次对应变量的相对重要性进行排序，整理汇总层次单排序的结果。

首先，根据判断矩阵A对应的权向量，对于目标层人力资源激励而言，方案层变量即内在性激励与外在性激励的重要性排序结果如表3-15所示。

表3-15 方案层对于目标层的重要性排序结果

目标层	方案层	权重值	排序结果
人力资源激励	内在性激励	0.2500	2
	外在性激励	0.7500	1

其次，根据判断矩阵B_1对应的权向量，对于内在性激励而言，指标层变量即国际影响激励、社会地位激励、个人能力激励和工作挑战激励的重要性排序结果如表3-16所示。

表 3 – 16   内在性激励指标的重要性排序结果

方案层	指标层	权重值	排序结果
内在性激励	国际影响激励	0.0778	4
	社会地位激励	0.3056	2
	个人能力激励	0.4918	1
	工作挑战激励	0.1248	3

最后，根据判断矩阵 B_2 对应的权向量，对于外在性激励而言，指标层变量即工资激励、保障激励、制度激励、环境激励和发展激励的重要性排序结果如表 3 – 17 所示。

表 3 – 17   外在性激励指标的重要性排序结果

方案层	指标层	权重值	排序结果
外在性激励	工资激励	0.4146	1
	保障激励	0.0876	4
	制度激励	0.0876	4
	环境激励	0.2573	2
	发展激励	0.1529	3

（3）层次的总排序计算。

层次的总排序是指就目标层人员激励体系评价而言，指标层的所有变量国际影响激励、社会地位激励、个人能力激励、工作挑战激励、工资激励、保障激励、制度激励、环境激励、发展激励的相对重要性排序。这一过程是由最高层向最底层依次进行的，并且对于最高层而言，其层次单排序的结果就是总排序的结果。假设方案层的权重为 b_i，$i = 1，2，3，4$，内在性激励下各个指标的权重为 c_{1j}，$j = 1，2，3，4$，外在性激励下各个指标的权重为 c_{2j}，$j = 5，6，7，8，9$。那么，指标层变量对于目标层的权重计算公式如式（3 – 6）所示：

$$a_j = b_1 c_{1j}，j = 1，2，3，4$$
$$a_j = b_2 c_{2j}，j = 5，6，7，8，9$$

（3 – 6）

于是指标层变量对于目标层的权重排序结果如表 3 – 18 所示。

表 3-18　　　　　　　指标层变量对于目标层的权重排序结果

指标层	单层权重	方案层	单层权重	目标层	总权重	总排序结果
国际影响激励	0.0778	内在性激励	0.2500	人员激励	0.0195	9
社会地位激励	0.3056				0.0764	5
个人能力激励	0.4918				0.1229	3
工作挑战激励	0.1248				0.0312	8
工资激励	0.4146	外在性激励	0.7500		0.3110	1
保障激励	0.0876				0.0657	6
制度激励	0.0876				0.0657	6
环境激励	0.2573				0.1929	2
发展激励	0.1529				0.1147	4

（4）层次总排序的结果分析。

根据表 3-18，可以分析人力资源激励指标的相对重要性大小。首先，工资激励是中非国际工程项目中最为重要的激励方式，权重大小为 0.3110。因为工资激励作为一种外在性激励可以满足项目人员的物质生活需求，项目人员大多数来自并不富裕的家庭，选择到海外工作的最主要目的是获得丰厚的薪水，一方面可以满足现在的需求，另一方面可以为未来的生活做好储蓄。其次，环境激励的重要性也非常大，权重大小为 0.1929。非洲国家一方面地形复杂并且气候条件恶劣，另一方面政治局势动荡和社会环境不安全，同时还存在文化冲突的问题，在这样的背景下，员工十分重视人身安全和精神安全，所以对于员工安全稳定的工作环境的满足是非常重要的。再次，个人能力激励和发展激励较为重要，权重大小分别为 0.1229 和 0.1147。个人能力激励和发展激励都是从员工自身利益的角度出发，一个源于员工由于能力提升而给予自身的内在激励，一个源于企业给予的未来发展机会的外在激励。社会地位激励、制度激励和保障激励一般重要，权重大小分别为 0.0764、0.0657 和 0.0657。大多数员工由于参加国际工程项目获得社会地位提高的机会并不是很多，只有少部分工作出色认真的员工才会有可能感到自己的社会地位得到了提高。国际工程项目的制度激励和保障激励相对于其他激励而言，显得没有那么重要，但依然是员工需要考虑的方面。最后，工作挑战激励和国际影响激励的重要性较低，权重大小分别为0.0312和0.0195。工作挑战激励和国际影响激励都属于内在性激励，内在性激励带来效果本身就小于外在性激励，因为只有当物质需求得到充分满足时，员工才会考虑追求精神的满足和安慰，工作挑战激励和国际影响激励的作用层次较高，大多数的基层员工很难会有这方面的想法和追求。

对比国内工程项目，张永生（2013）对炼化工程员工的激励研究中发现，荣誉地位激励、晋级与考核激励、休假激励的重要性较高，培训激励和内部利益分配激励适中，薪酬激励和道德情感激励分别位列最后。国际工程项目与国内项目在激励影响方面存在明显差别的主要原因可能是：第一，国外项目人员多为阶段性工作，更关注收益层面；第二，国外项目影响力有限，对于员工地位、发展、晋级等提升不大，而薪酬、保障、福利、环境等因素在短期内更加切身实际。另外，对比国内传统行业的研究结果，孙田江（2016）研究发现，收入、学习与成长、团队氛围、领导信任与支持、工作挑战等五个因素是传统（医药）行业知识性员工依次最为看重的五大要素，并从不同的年龄层、不同地域、不同岗位层级等维度进一步对激励因素有效性做了排序。从地域看，发达地区更注重氛围、成长、挑战等软性激励要素，而欠发达地区则对收入、福利等物质要素更为依赖；从层级看，学历低、岗位低的员工更关注物质激励，而学历高、层级高的员工，则对成长、挑战、公司声誉与平台等非物质激励因素更为看重。本研究中，在非工作人员以基层技术人员为主，他们对于物质激励因素的关注与上述结论存在一定程度的吻合性，而国外落后地区的安全问题则是国内传统行业所没有的特殊因素。赵夷岭（2009）对比了国企员工和民企员工的研究发现，福利、薪资、环境、培训、工作是国企员工依次较为看重的激励因素（由强到弱），而民企员工优先考虑的是薪资，其次是福利，然后是工作、环境，最后是培训。二者的激励差异主要是企业文化差异引起的。海外工程项目大多以国企主导，本书研究对象主要为海外国企员工。该文关于激励因素重要性的研究结果，在"薪资福利激励（本书为合并为工资）、环境激励（本书同）、培训激励（本书为个人能力激励和发展激励）"三个维度的重要性排序与本书是一致的。

3.4　本　章　小　结

　　在上一章文献综述的基础上，本章从国际工程项目人员激励体系的特点出发，探讨了构建人员激励体系的基本原则，进而通过扎根理论构建了国际工程项目人员激励体系的主要框架，并对国际工程项目中一个尼日利亚项目相关基层员工和以项目副经理为代表的部分中高层进行了深度访谈，汇总整理了访谈信息，获得激励体系资料，采用层次分析方法比较人员激励体系中各个指标的相对重要性，依据建立的人员激励体系结构可以对企业的人力资源激励方式进行量化，并赋予不同人力资源激励方式不同的权重，对人员激励体系的指标重要性做出评价，其量化的权重结果便于更加清晰地认识人员激励体系中各指标的激励有效性及重要性程度，对激励体系的结构特征有了更量化的理解，也为后文实证研究人员激励体系对国际工程项目管理绩效的影响机制奠定了一定的基础。

第4章 人员激励体系对国际工程项目管理绩效影响的理论模型构建

本章将构建嵌入文化差异的人员激励体系对国际工程项目管理绩效影响研究的理论模型。这是本书研究的整体模型，这里需要补充说明一下构建这个整体模型的逻辑思路：第一步，在第3章扎根理论基础上，构建人员激励体系；第二步，以一个具体案例样本为出发点，构建国际工程项目人力资源激励评价体系（见第3章），并厘清其指标要素间的重要性关系及排序；第三步，在综合整理相关变量间相互作用的基础研究结论基础上，提出理论假设；第四步，结合国际工程项目的特点，对综合激励模型进行改进，构建探究人员激励体系对工程项目管理绩效影响的理论模型，并考虑文化差异与公司制度对于该影响效应的调节作用。

4.1 变量的界定及维度划分

国际工程项目管理绩效和人力资源激励方式的概念及评价指标的建立有利于搞清国际工程项目管理绩效和人力资源激励方式的内存机理，为后续整体模型的建立奠定基础。本节将基于波特和劳勒的综合激励模型，同时结合国际工程项目的特点，引入文化差异和公司制度变量的调节作用，并加入了员工素质、领导能力和合作信任等控制变量，建立人员激励体系对工程项目管理绩效影响的理论模型。

4.1.1 文化差异的界定及维度

霍夫斯泰德特对 IBM 在 53 个国家的将近 11.6 万名员工的调查数据

的分析中，总结出描述各国文化差异的衡量指标，本研究认可这种衡量方法，在本项目的调查阶段，结合国际工程项目的特点，以参与合作的各国企业或员工在组织结构、项目管理方式、项目执行能力、项目决策行为上的差异来进行衡量。①

1. 权力距离（power distance）

权力距离是指组织中各成员在拥有的权力上的一种差距，即在一个组织当中，领导的独裁程度和权力的集中程度，以及在一个社会中人们在多大的程度上可以接受这种权力分配的不平等，在国际工程项目管理过程中可以理解为项目基层员工和项目管理者之间的社会距离。在权力差距的国家和地区，人们往往追求地位的差异化，此时就要根据不同的人群的不同需求来制定人员激励体系。而权力距离较小的国家和地区，人们追求地位的平等，如果制定差异化较大的人员激励体系显然行不通。

2. 不确定性规避（uncertainty avoidance）

不确定性规避是指人们对于未知事件和文化感到威胁的程度。不确定性规避指数越高意味着这个国家或地区的人们不喜欢冒险和承担风险，这就需要在国际工程项目管理中要提供更大的职业安全感，制定较为保守和稳定的人员激励体系和相应的管理制度，并且上级可以对下属进行较强的控制和清晰的指导。相对而言，在不确定性规避指数较低的社会当中，人们普遍有一种安全感，倾向于放松的生活态度和鼓励冒险的倾向。所以在国际工程项目管理中上级对下属可以更多地授权，给项目人员提供自主管理和独立的并具有挑战性的工作。

3. 个人主义与集体主义（individualism versus collectivism）

个人主义是指一种结合松散的社会组织结构，其中每个人重视自身的价值与需要，依靠个人的努力来为自己谋取利益。集体主义则指一种结合紧密的社会组织，其中的人往往以"在群体之内"和"在群体之外"来区分，他们期望得到"群体之内"的人员的照顾，但同时也以

① 吉尔特·霍夫斯泰德等著. 王烁等译. 文化与组织：心理软件的力量［M］. 北京：电子工业出版社，2019.

对该群体保持绝对的忠诚作为回报。个人主义衡量指数越高的国家和地区更追求个性自由及个人的成就，因此在国际工程项目管理中可以开展项目人员之间的竞争，并对项目中的个人绩效进行奖励，是有效的人本主义激励政策。在集体主义衡量指数较高的国家和地区更应该培养项目人员对组织的依赖感和归属感，更应该营造项目基层人员和项目管理层之间的和谐关系。

4. 男性度与女性度（masculinity versus femininity）

男性度与女性度是指社会上居于统治地位的价值标准。男性度衡量指数越高的国家和地区的人们更倾向于表现得坚强、阳刚、自信武断、进取好胜，执着而坦然地追求金钱，对企业缺乏忠诚度和认同感，所以在国际工程项目管理过程中要给与物质回报并让其积极参与管理；而女性度衡量指数较高的国家和地区则表现得温柔、细腻，更追求精神和物质上的双重满足。所以国际工程项目管理中要注重和谐和道德伦理，创造良好的工作环境，并采用让员工积极参与管理的人本主义政策。

5. 长期取向与短期取向（long VS short term orientation）

第五个维度来自于中国学者设计的调查问卷并从世界各地的 23 个国家的学生的调查研究中得出。长期取向的价值观关注未来，注重节约与坚定；短期取向的价值观倾向过去和现在，履行社会责任，尊重传统，并爱面子。在国际工程项目管理中根据人们更偏向未来还是过去来制定要满足项目人员的新鲜感还是更加注重传统文化的影响。

当然，文化差异的衡量指标不只有这几个。但即使只考虑这几个文化差异衡量指标，每个指标也都只有两种情况的话，排列组合也可能有很多种不同的民族文化类型。这几个指标在国际工程项目中主要体现为各国企业在工程项目管理、组织和决策等之间存在的差异。

4.1.2　公司制度的界定及维度

公司制度一般可以从宏观和微观两个层面来进行衡量。宏观层面的公司制度，可以理解为通常意义上的现代企业制度，强调的是公司治理与产权制度两大核心问题；微观层面的公司制度，可以理解为组织制度，它是为维护组织运作秩序、约束与规范组织成员行为进而帮助组织实现其特定目标的一系列行为准则和规范的集合。本书研究的公司制度主要强调的是微观层面的组织制度。

罗贤飞和纪成君（2010）以企业组织结构、决策机制、激励机制三个核心指标作为公司制度优越性综合评价核心考量。

1. 企业组织结构

企业组织结构是指企业的内部各构成要素的联系方式或形式。在传统的企业组织结构中只涉及企业内部的组织结构，如科层结构。但随着企业组织的变革，企业与市场的边界变得日益模糊，存在很多介于市场与企业之间的中间组织形式。其二级分解指标包括组织边界科学性、关键职能被突破的程度、管理分工明确程度、管理部门内部的系统性、内部竞争是否适度、文化的渗透性、组织层次的合理性、组织内部沟通的效率等。

2. 决策机制

现代企业制度的日益完善使得企业的管理更加科学，人力资本在企业中占有的地位越来越重要，知识和技能已经成为企业利润的分享点，而不再是以前简单的雇佣关系。企业人力资本和知识的重要性扩大更加突出了企业领导决策的重要性。其下属的二级指标包括领导体系是否规范、决策过程是否科学、组织内的权力划分是否科学、决策权则是否明确、领导的相机决策能力、企业决策的实施时滞等。

3. 激励机制

激励机制作为企业制度中的一个重要方面受到了广泛的关注，有效的激励机制是企业成功的重要条件。其细分形成二级指标包括是否有合理的人员任用机制、企业对创新的激励程度、企业激励方式是否合理、分配制度状况、企业内部员工感到的满足感、企业内部的民主管理程度、企业内部员工再教育机会等。

4.1.3 工作绩效的界定及维度

学术界及企业界对于绩效的定义已经探讨了很多年。1975 年卡策尔（Katzell）[1] 提出"绩效是指组织目标达成程度的一种衡量"。2010年西拉吉（Szilagyi）[2] 提出一套清晰的绩效架构，指出：第一，绩效是多重准则的，其分析层次由社会、组织、个人三者构成。第二，绩效可以分短期、中期到长期三个时间标准来考量，通过定量的、客观的或定性的、主观的衡量方式达到维护、改进和发展的目的。1996年卡斯提尔（Kast）[3] 认为绩效由效果、效率、组织成员的满意度组成。其中：效果是指产出效果的实际影响，效率是指投入资源的有效利用。

国内学者付亚和等则以结果为导向来定义绩效，他们倾向于将绩效与任务完成情况、目标达成情况、结果、产出等同起来。[4] 主要存在以下几种观点：

首先，"绩效"就是"完成了工作任务"。绩效就是完成了工作任务这一相对早的界定简单明了。但这个概念主要适用对象是一线生产工人或体力劳动者，即一线工人或体力劳动者只要"完成了工作任务"就算是他们的绩效，即使这些产品还没有被客户所接受。

其次，"绩效"就是"工作结果"或"产出"。贝尔马尔丁等（Bermardin et al., 1984）将绩效定义为：在特定的时间内，由特定的工作职能或活动产生的产出记录。这一界定从绩效考核的角度上来强调绩效是"结果"或"产出"。

不难看出，"绩效是结果"的观点认为，绩效是工作所达到的结果，是一个人的工作成绩的记录。

在绩效的基础上，工作绩效的定义主要体现在工作绩效是结果、行为还是二者的综合这一问题的探讨上。目前学者认为工作绩效不应该是结果，而是一个过程。目前主流的工作绩效定义是把工作绩效看作是一种行为和结果的综合体。学者博曼等（Borman et al. 1997）[5] 对工作绩

---

[1]　Katzell R A, Yankelovich D, Fein M et al. Improving productivity and job satisfaction [J]. Organizational Dynamics, 1975, 4（1）：69–80.

[2]　Szilagyi A D. An empirical test of causal inference between role perceptions, satisfaction with work, performance and organizational level. [J]. Personnel Psychology, 2010, 30（3）：375–388.

[3]　Kast A. Correlation length and average loop length of the fully packed loop model [J]. Journal of Physics A General Physics, 1996, 29（22）：7041–7049（9）.

[4]　付亚和, 许玉林. 绩效考核与绩效管理 [M]. 北京：电子工业出版社, 2003.

[5]　Borman W C, Motowidlo S J. Task Performance and Contextual Performance：The Meaning for Personnel Selection Research [J]. Human Performance, 1997, 10（2）：99–109.

效、结果和行为进行了对比和分析，认为绩效是可以评价的，对组织和个人的发展起到促进或者阻碍作用的行为；结果是工作绩效所产生的，能够对组织或者个人目标的实现起作用的状态；行为是个体在工作时的各种表现。随后，他们对工作绩效的定义为，工作绩效是多维度的、可被评估的、间断的与组织目标相关的行为综合体。我国学者韩翼则定义的工作绩效为：工作绩效是一个多维结构行为与结果的综合体。

学者王筱慧等则通过对护理工作建立护理工作绩效量化综合评价体系，指出护理工作的绩效可以从时间、质量、效率、效益综合等角度进行评价。① 段妍等则指出高校教师的绩效考核包括数量、质量、效益和贡献等几个维度。② 张国梅等则指出对于医生、教师等岗位应当将工作技能也纳入其工作绩效的考核过程中。③ 综上，本书选取时间、质量、贡献和技能提升作为工作绩效的核心指标。

4.1.4 国际工程项目管理绩效的界定及维度

在项目的实施中，管理工作贯穿项目始终，因此管理绩效的评定也是项目管理工作中的重中之重。学者徐晨指出，绩效评价作为反映工程项目管理水平和专业技术能力、改善管理水平的手段之一，应将之推广到建设工程项目施工阶段，改变现阶段绩效评价停留在项目后评价的局面。为此，应根据我国建设工程项目特点，结合绩效评价理论、项目管理理论，建立一套完善的建设工程项目施工阶段质量管理绩效评价模型。他指出，项目管理绩效应当包括项目成果、建设效率、员工满意等指标。④ 杨英英则指出对公司而言，管理绩效应当包括社会影响、环境影响等方面，因此也应当将其纳入管理绩效的考核范围。⑤ 综上，本书

① 王筱慧，叶文琴，赵继军等. 护理工作绩效综合评价体系的建立与实施 [J]. 中华护理杂志，2005，40（2）：126-127.
② 段妍，王剑. 高校教师工作绩效改革与评价体系研究 [J]. 现代营销（下旬刊），2015（11）：112-113.
③ 张国梅，张颖，李迪迪等. 护士岗位管理及绩效考核效果评价 [J]. 中国卫生质量管理，2015，22（5）：64-66.
④ 徐晨. 建设工程项目质量管理及其绩效评价体系研究 [D]. 山东科技大学，2011.
⑤ 杨英英. 公司社会责任治理要素对社会责任绩效的影响——基于多案例研究 [D]. 石河子大学，2015.

选取项目管理、建设效率、员工满意度、社会影响和环境影响作为管理绩效的核心考核指标。

　　建立项目管理绩效的评价体系，首先，需要整理归纳国际工程项目管理绩效的特点，其次，依据特点总结国际工程项目管理绩效评价应包含的方面。先说明国际工程项目管理的特点，于双阳（2017）认为如果中国企业作为承包商，那么国际工程项目就是指由中国企业承包的在国外进行建设的项目，其中项目建设周期的各个阶段的参与者可能会来自世界上不同的国家和地区。相对于国内的普通工程项目而言，国际工程项目往往具有跨国性、规模大、施工周期长、建设技术难度高、利益相关方较多、风险因素较多以及合同类型、技术规范或标准复杂多变等特点。那么国际工程项目管理的含义是在国际工程项目建设过程中的各个阶段，包括决策分析阶段、前期准备阶段、建设施工阶段、完工验收阶段和评价总结阶段等，采用国际通用的工程项目管理模式对项目进行管理。接着再总结国际工程项目管理绩效的特点。先从字面意思来看，绩效应包括成绩和效率，是项目建设成果与过程的综合反映。"绩"侧重项目结果的描述，即项目结果是否达到预先设定的目标，完成的质量如何以及产生实际影响如何，"效"侧重项目过程的描述，即项目建设过程中对投入资源的有效利用和建成项目的时间、财力和物力等成本。而卡斯提尔（2002）进一步指出绩效不仅包含成绩和效率，而且还包含组织成员的满意度。但是前面讨论的都是从项目自身来考虑绩效的内容，除此之外，还应引入项目产生的影响，如对社会发展的影响和环境的影响。因此本书给出国际工程项目管理绩效的特点，即在国际工程项目生命周期的各阶段进行管理，对项目建设成果、建设效率、成员满意度、社会发展和环境产生的影响。

　　在国际工程项目管理概念的基础上，建立客观评价项目管理绩效的指标体系。指标体系的建立应遵循科学性、合理性、全面性和可行性的原则。平衡计分卡是较为常用的一种建立项目管理绩效评价体系的方法，平衡计分卡的设计包括财务角度、顾客角度、内部经营流程、学习和成长四个方面。

　　从财务角度看，项目的盈利能力或创造出的价值是衡量项目管理绩效的一个重要方面，即项目的建成效果。从顾客角度看，项目的建成能否满足客户的要求和市场的需求，也属于项目的建成效果。从内部经营流程看，项目建设过程的效率，完成的时间，所耗费的人力、物力、财力等成本，属于项目建设效率的描述。从学习和成长角度看，项目参与人员包括管理人员的满意度、个人能力提高和自我价值实现，这也是项目管理绩效衡量的重要方面，尤其对工程项目的未来发展至关重要。于是，本书根据国际工程项目管理绩效的定义，仍然从项目建成效果、项目建设效率、项目成员满意度、社会影响和环境影响五个方面建立评价体系，结合国际工程项目的特点，参考平衡计分卡方法在建立项目管理绩效评价体系时所选取的指标，评价指标体系如表4-1所示。

表4-1 国际工程项目管理绩效的评价指标体系

一级指标	二级指标	含义
项目建成效果	目标完成度	建成后项目与预定目标的匹配度
	质量	建成后项目的质量高低
	形成规模	建成后项目的规模、大小
	盈利能力	建成后项目的盈利情况
建设效率	完成时间	建设实际完成时间与计划完成时间的偏差
	建设方案	建设过程中计划方案的执行力
	管理制度	建设过程中管理制度的落实程度
	资本投入	建设过程中资本的有效利用率
	劳动力投入	建设过程中劳动力的有效利用率
成员满意度	个人利益	项目成员对个人获得的利益的满意度
	个人能力	项目成员对在项目建设中个人能力提升的满意度
	岗位匹配	项目成员对在项目建设中个人岗位匹配的满意度
社会影响	经济发展	项目建设成果对地区经济发展的影响
	就业情况	项目建设成果对地区就业情况的影响
	科技进步	项目建设成果对地区科技进步的影响
环境影响	资源利用	项目建设中对自然资源的有效利用程度
	污染情况	项目建设中对环境的污染程度

4.2　理论分析与研究假设

在提出模型理论假设前，基于已经构建的理论模型，通过对相关研究的分析，探求理论假设的基础条件，以便更好地得出理论假设。一方面根据模型中内在性激励、外在性激励、工作绩效、文化差异、公司制度、员工素质、领导能力、合作信任和管理绩效等变量的内涵，分析这些变量对项目管理绩效的作用路径，另一方面根据以往学者们对国际工程项目管理绩效影响因素的研究分析结果，提出变量间相互影响关系的理论假设。

4.2.1　人员激励体系对国际工程项目管理绩效的影响分析

哈拉奇维奇和曼德林克（1984）研究发现经济激励可以激发员工的工作兴趣，对内部激励有促进作用。孟和加拉格尔（Meng and Gallagher，2012）通过对实际项目的调研对比分析了激励机制和非激励机制对工程项目工期、成本和质量等管理绩效所包含的重要指标的影响，指出人员激励体系对于工程项目管理绩效的提高有重要作用。斯利夫卡（Sliwka.，2003）则通过研究发现，激励体系，尤其是经济激励，对提高建筑工程项目的产出非常重要，可以激励参与方为完成目标而努力，从而提高工作效率，提升项目管理绩效。

以综合激励模型理论及其相关研究为基础，本书将激励方式分为了内在激励和外在激励两种。潘高峰（2011）从薪酬体系和福利激励两个维度阐述了外在激励对于项目管理绩效改善的重要性，从目标管理、目标激励、自我驱动、企业文化等角度分析了内在激励对于项目管理绩效的正向作用，并特别指出，内在激励对于管理层的作用尤为突出。

综合第 2 章及上述关于内外在激励的相关结论，可以得出：内在激励手段（目标激励、自我驱动等）对国际工程项目管理绩效会产生一定的正向影响，而外在激励手段（如薪酬、福利等）对国际工程项目管理绩效也会产生正向影响。于是可以提出如下理论假设：

假设 H1：国际工程项目人员受到的内在性激励和外在性激励会对

项目管理绩效均产生正向直接影响。

4.2.2 工作绩效对国际工程项目管理绩效的影响分析

根据波特和劳勒的综合激励模型，可以知道内在性激励和外在性激励是影响员工工作绩效的重要因素。企业通过采用各种激励方式以满足员工的需求，从而调动员工参与工作的积极性，其中激励不仅包括正向激励也包括负向激励，对于完成出色的员工，企业给予一定的奖励，而对于工作不认真、不负责任的员工，企业会给予一定的惩罚，从而员工为了获得奖励和避免惩罚会更加努力地工作。同时根据内在性激励和外在性激励的内涵，企业对员工的激励一般是可以促进员工更加努力和认真地工作，这样工作绩效才可能获得提高。吕永卫（2010）通过实证分析指出激励体系对于工作绩效具有显著的正向影响效果。韩玮（2015）则通过对激励因素的分析，指出激励显著正向影响工作绩效，从而为企业或项目带来正向的产出和回报。陈文（2013）通过实证分析研究激励与工作绩效的关系，发现激励的三个设定维度（薪酬、培训、发展机会）与工作绩效三个维度（能力、写作、任务完成）均呈显著的正相关性。斯利夫卡（Sliwka, 2003）在研究激励与项目管理绩效的关系时指出，激励能提升员工积极性和工作效率（工作绩效），从而为项目产出，即项目管理绩效的改善做出贡献。从中可以看出，工作绩效对于激励影响项目管理绩效，是起到了一定的中介传导作用的。

探究工作绩效对于人员激励体系影响国际工程项目管理绩效的中介作用，目前直接研究的相关文献较少。在查阅激励理论相关研究中，笔者发现，目标设置理论与绩效的关系较为密切。该理论认为，个体或组织会依据设定的目标做出决策，目标被确定后，激励的驱动力量由目标所替代。个体或组织对目标的追求促使其做出提高效能的工作行为，以便完成目标，提高项目产出和绩效。[1] 目标设置可以看作是激励影响工程项目管理绩效的中介因子，而目标完成在一定程度上，即体现了员工在激励之后的工作绩效的客观实现，因此，基于目标设置理论，可以认为工作绩效在人员激励体系与项目管理绩效之间，具有中介作用。

---

[1] Locke E A, Latham P. Work motivation and satisfaction: Light at the end of the tunnel Psychological Science, 1990, 1 (4): 240~246.

国际工程项目的管理也包括对项目人员的管理，人员管理是项目管理的一个重要组成部分，于是项目人员的工作绩效也是考察项目管理绩效的一个重要方面。项目人员的工作绩效高低一般是由员工完成工作的效率和质量来体现，当员工所做的工作出色且高效，对于项目整体的发展和进步是有一定的促进作用的。企业通过提高项目人员的工作绩效，项目的整体业绩上升，项目的完成质量和效率也随之大大提升，这些是项目管理绩效好坏的评判标准。王征宇（2014）制定了一套对工程项目管理团队具体直观的评价办法，指出了工作绩效与工程项目管理绩效之间存在密切的联系。综合上述研究结论，于是，可以做出如下理论假设：

假设 H2：国际工程项目人员的工作绩效会对项目管理绩效产生正向直接影响。

4.2.3　人员激励体系对工作绩效的影响分析

由假设 H1 可知人员激励体系对国际工程项目管理绩效具有主要影响作用，而通过假设 H2 得出工作绩效在这个过程中发挥的中介作用。那么人员激励体系（内在性激励、外在性激励）和人员工作绩效之间的作用关系如何界定？

波特和劳勒的综合激励模型集合了多种激励理论的特点和优势，考虑了内、外激励因素，系统地描述了激励的全过程，更加全面地解释人力资源激励行为。综合激励模型中主要含有员工的工作绩效、外在奖励、内外奖励、满足感四个核心变量，模型结构见图 4-1。

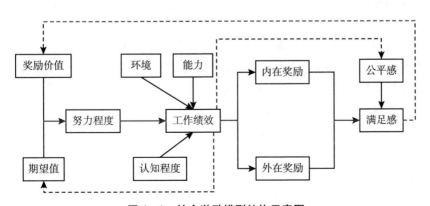

图 4-1　综合激励模型结构示意图

如图 4 - 1 所示，综合激励模型详细阐述了激励和绩效之间的双向关系。一方面，工作绩效的差异使得员工获得不同程度的内在奖励和外在奖励，不同程度的奖励或激励会影响员工满足感的活动，从而使其获得不同的奖励价值。另一方面，奖励价值的差异会影响员工工作的努力程度，在一定程度上会对员工的工作绩效产生影响。由此可见，激励的差异会对工作绩效产生影响，个体获得不同的激励会影响其对奖励价值的感知，作用于努力程度进而影响工作绩效。

众多学者们指出绩效是具有一定的目标导向性的，并且绩效是这些目标导向的具体显现，任何绩效的完成都需要个人付出努力，根据洛克（Locke）的目标设置理论，目标可以成为行为最直接的动力因素，如果目标设置具体、实现难度适中及有反馈，一般而言，最终完成任务的绩效水平也就越高，绩效与目标之间存在相关性。① 同时，个人可以通过参与目标的设置来提高个人的激励作用。厄尔利（Earley）提出目标激励过程中存在着自我效能感等中介变量，为了分析清楚目标与绩效间的联系，实现目标转化为实际行动，人们开始将任务特征与目标设置进行结合。② 内贝克（Nebeke）等研究了在不同的任务设置条件下，目标设立与外在性激励相结合对于任务绩效的不同影响。赫斯特（Hirst）则是从内在性激励的研究视角，分析任务特征的相互依赖和独立的维度上，研究论证了目标设置与内在激励的关系。这些研究均发现激励与绩效之间存在相关性，激励是完成一定目标任务的基础，也是实现绩效的基础。

在此基础上，学者孟澂（2016）基于高校教师这一特定群体研究指出高校教师所获的不同激励会对其绩效产生显著影响，如图 4 - 2 所示。

孟澂（2016）通过实证分析研究表明，薪酬激励、考核激励和晋升激励等外在激励会显著影响高校教师的绩效，创新激励、成就激励和社交激励等内在激励会显著影响高校教师的绩效。当然不同的外在激励和内在激励对绩效的影响是有差异的。

---

① Edwin A, Locke, Gary P. Latham. New Developments in Goal Setting and Task Performance [M]. Routledge, 2012.

② Earley P C, Lituchy T R. Delineating goal and efficacy effects: A test of three models [J]. Journal of Applied Psychology, 1991, 76 (76): 81 - 98.

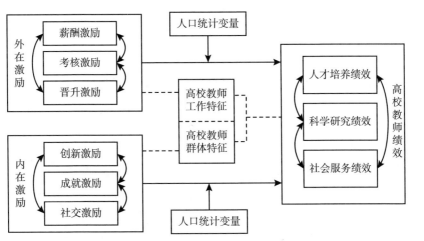

图 4 – 2　高校教师激励模型结构示意图

　　学者陈光潮（2004）对波特—劳勒综合激励模型的研究表明，激励导致个人是否努力及努力的程度，个人的能力、努力程度决定了工作的实际绩效。他指出在一定激励环境条件下，个人激励来自外在激励和内在激励。内在激励需求会把社会荣誉地位、国际影响、个人追求作为满足自我实现的终极激励手段，能够发挥个人的能力和富有挑战的工作，是内在激励的方式。内在激励和外在激励都会驱使个人去积极完成工作，提高工作绩效。蒙俊（2016）以阿里巴巴公司为例，阐述了内在性激励（文化、机制、培训和情感关怀等）对于知识型员工的工作绩效的促进作用，以及改善工作结果，完成目标的重要意义。张伶、张正堂（2008）基于 512 份样本的调研问卷数据的实证分析得出内在性激励（包含工作自主权、晋级机会、上级支持、人与组织匹配等 6 项因素）对工作绩效存在正相关影响。蒲勇健、赵国强（2003）则强调内在性激励和外在性激励对工作绩效的正向作用，但进一步研究会发现内在性激励起主要作用，外在性激励起补充作用，对于高薪管理阶层，其作用尤为明显。

　　根据上述分析，可以提出如下理论假设：

　　假设 H3：国际工程项目人员受到的内在性激励和外在性激励会对项目人员的工作绩效产生正向直接影响。

　　假设 H3a：国际工程项目人员受到的内在性激励会对项目人员的工作绩效产生正向直接影响。

99

假设 H3b：国际工程项目人员受到的外在性激励会对项目人员的工作绩效产生正向直接影响。

4.2.4　文化差异和公司制度的调节作用分析

众多学者在研究中都阐述了文化差异、公司制度对国际工程项目管理绩效的影响。杨高升等（2015）通过设计了跨文化风险与国际工程承包项目实施阶段绩效之间相关关系模型，实证分析得出，文化差异越大，跨文化风险作用强度越高，项目管理绩效也就越差，二者是显著相关的。张雯（2012）在研究企业国际化程度对国际工程项目管理绩效影响时，通过建模实证分析发现，国际化程度对国际工程项目管理绩效具有正向影响。进一步对模型分解指标分析后得出，领导能力（特别是国际化经验）、激励机制、文化氛围、管理制度对国际工程项目管理绩效的影响是巨大的。他强调增强内部交流，改善融合不同文化，避免文化差异带来的冲突，降低因文化摩擦而产生的成本，项目组织结构应匹配国际化战略，建立符合国际化标准的国际化制度，培养有国际经验的项目经理人员是提升国际工程项目管理绩效的重要手段。

国际工程项目必定涉及中国与其他国家之间的交流合作，这些交流合作具体包括项目合同签订时的交涉、项目建设实施时的交流、项目完工验收时的沟通等，在各个过程中，需要中国员工和国际员工之间的相互配合，于是文化差异对人员激励体系对员工工作绩效的影响路径的调节作用体现出来。不同国籍的员工来自不同的文化背景，在价值观、人生观和世界观上存在一定的差异。由于语言、风俗习惯和宗教信仰的不同，国际员工的思维方式、工作方式之间会有较大差异，因此可能存在因建设思路不统一而发生争执、交流存在障碍、工作时间和方式难以配合等问题，这些可能会影响项目的建设效率，同时文化差异也体现在员工的差异之上，因此也会对工作绩效对管理绩效的影响路径产生影响。此外，由于文化差异的存在，不同文化背景的员工在面对同样的激励时所做出的反应会有一定的差别，当然一般而言激励的方向对于不同国籍的员工来说都是一致的，只是在作用的程度上存在一定的差异性。比如，对于加薪这种激励方式来说，中国员工和国际员工所感受的满足程度是不一样的。方志达（2001）、陈明（2016）分析了国际工程项目管理中存在的文化差异，阐述了文化差异对国际工程项目管理有显著影响。

根据上述分析，于是可以做出如下理论假设：

假设 H4：国际工程项目合作方之间的文化差异会在人员激励体系对项目人员工作绩效，以及项目人员工作绩效对管理绩效的影响过程中起到调节作用。

公司制度是在一定历史条件下所形成的企业经济关系，包括企业经济运行和发展中的一些重要规定、规程和行动准则。公司制度可以具体表现为人员招聘、权责配置、信息披露等企业制度的合理性。人员招聘制度是项目管理的重要源头，权责配置制度是项目管理的坚实基础，信息披露制度是项目管理的强化工具。一套科学完整的公司管理制度可以保证企业的正常运转和职工的合法利益不受侵害，这也是一个企业能否持续经营下去的重要保障。公司制度安排的合理程度也会影响到人员激励体系对员工工作绩效的影响大小，同时还会影响到工作绩效对项目管理绩效的影响大小。当一个企业的制度存在缺陷时，企业员工的权益无法得到保障，员工得不到公平公正的对待，从而工作的积极性会骤然下降，工作绩效大幅降低，紧接着影响到企业的整体管理绩效。由于人员激励体系的合理性、员工工作绩效和项目管理绩效的高低都是与公司制度的合理性息息相关的。尹贻林等（2004）认为通过项目契约组织中的制度对项目临时性的网络组织中利益相关者产生的激励和约束机制能提高项目管理绩效。严玲（2014）通过实证分析得出制度设计和完善，能促进激励体系对于项目管理绩效的提升，这种正向影响是显著的。于是，可以做出如下理论假设：

假设 H5：国际工程项目合作企业的公司制度会在人员激励体系对人员工作绩效，以及人员工作绩效对国际工程项目管理绩效的影响过程中起到调节作用。

4.2.5　员工素质、领导能力和合作信任对国际工程项目管理绩效的影响分析

1. 员工素质作用于国际工程项目管理绩效

员工素质是员工个人学识、才华、品德、风格等方面基本素质的体

现。具体到企业的员工素质而言，是指员工的专业水平、综合素质和对工作岗位的认知程度。员工的专业水平通常可以有员工的学历高低、受教育程度、各项技能和资格证书、专业成绩等方面评价，员工的综合素质主要包括语言沟通能力、团队协作能力、创新能力等方面体现，员工对工作岗位的认知程度表现在员工熟悉自己的岗位职责，明确自己需要完成的工作任务，熟练所在领域的各项工作技能，并且了解岗位在整个行业领域或生产流程中所处的位置和环境，理解岗位的特点、重点和难点。当一个员工具备一定的学历基础，掌握并熟练运用专业知识，同时具备各项必要综合技能，也对自己的岗位职责有着充分的了解时，员工不仅仅是在完成最基本的工作任务，而且在工作遇到新的问题和新的发现时，能够迅速解决并总结，工作绩效会随之得到提高，项目管理绩效也会随之上升。员工的素质不仅是企业当前建设的重要资本，也是企业未来发展的潜在推动力。项目人员素质的普遍提升，项目的建设质量、建设效率等也会有较大提升。

彭生（2012）运用层次分析法得出，项目人员素质以及领导力等是提升工作绩效的重要因素。塔希尔等（Tahir et al.，2009）通过对巴基斯坦工程企业的调研，检验了不同项目管理绩效评价模型的有效性，包括绩效指标对项目管理绩效所产生影响大小、不同指标间关联程度，得出关键绩效指标对项目管理绩效影响最大，其次是"项目生命周期管理""项目管理领导能力""项目人员素质""项目管理政策制度和战略""项目管理伙伴合作和资源"也都对项目管理绩效有明显的影响。文章还指出项目管理绩效评价模型一个潜在的作用是构建评估项目管理绩效的框架。

综合上述分析，可以做出如下理论假设：

假设 H6：国际工程项目的员工素质会对项目的管理绩效产生正向直接影响。

2. 领导能力作用于国际工程项目管理绩效

领导能力是把握组织的使命及动员人们围绕这个使命奋斗的一种能力。具体到企业而言，领导能力是指企业领导或项目负责人对于项目的管理能力、决策能力等，同时也包含着企业领导层带给企业员工们的一种威信和声望的感受。企业的领导者把控着整个项目的实施过程，他们是从企业的全局角度做出建设决策、生产决策、销售决策等，为整个项目的建设掌握好方向。如果企业领导者错误地估计了项目建设的时机，在市场环境不好、效益低下的时候，大量地增加生产投入，最终会导致利润降低，企业出现破产危机。因此一个好的领导者对于企业发展、成熟和持续经营是至关重要的。项目的领导层从全局视角管理项目建设过程的方方面面，尽管不能具体到各项细节，但对建设的每一大步，都会做出详细的规划和方案。项目的领导层通常是由一个团队或一个群体组成，在外部环境发生重大变化或者内部出现较大问题时，企业领导层会集中进行商讨，从各个方面进行考虑设计方案，并计算比较各个方案的可能结果，从而作出决策。于是项目负责人的管理能力和决策能力直接影响到项目建设的成果好坏和效率高低，因此会对项目的管理绩效产生直接影响。张翔（2012）研究表明领导的管理能力、员工的执行能力、员工的专业素质等内在的因素和文化冲击、风险水平等外在的因素对项目管理绩效的影响较为显著。

泰特（Thite，2000）较早地研究了项目经理领导风格与项目成功之间的关系，研究结果发现在信息技术行业里，项目经理的变革型和技术性领导行为能够促进项目团队的高绩效。刘和方（Liu and Fang，2006）建立了一个基于权力的项目领导模型，模型的 SEM 分析显示项目经理的绩效导向的领导方式对项目管理绩效有显著的直接影响。马勒和特纳（2010）对项目经理领导风格与项目管理绩效之间的关系进行了实证检验，数据的回归分析显示，项目经理的领导风格影响项目管理绩效。康飞（2014）实证研究发现在工程建设项目执行过程中，项目经理的胜任力确实会对项目管理绩效产生较大影响，回归分析显示，项目经理胜任力对项目管理绩效的回归系数为 0.301，在 0.001 的置信水平上是显著的，此结果表明项目经理胜任力对项目管理绩效具有显著的正向预测作用，并且也支持了其研究所开发的项目经理胜任力测量指标（构成型指标）是具有效标效度的，并且项目经理胜任力总共可以解释项目管理绩效变异的 11.22%，也就是说项目经理胜任力对项目管理绩效的贡献度超过了 10%，其影响作用非常明显。

综合上述分析，可以做出以下理论假设：

假设 H7：国际工程项目参与企业的领导层的能力会对项目管理绩效产生正向直接影响。

3. 合作信任作用于国际工程项目管理绩效

合作信任是指项目合作方或参与方在项目建设过程中的工作默契程度、相互信任程度和所获取的利益的一致性程度。由于国际工程项目的规模庞大、涉及的领域众多，通常在建设的过程中需要涉及多方之间相互合作才能完成项目。项目合作方之间的配合越默契，项目的管理绩效显然会有更大提升；项目合作方之间的相互信任是双方能够维持合作关系和培养默契的重要基础；而合作方之间的利益一致性程度则为项目合作方之间的相互信任提供了保障。如果以把项目建设更好和更有效率设计为项目参与方的共同目标，项目参与方之间自然而然就会形成一种合作信任的关系，因为高质量和高效率地完成项目建设给每一方带来的利益都会大于不好好履行职责带来的结果，因此项目合作方在签订合同时，应努力使得合作方之间利益目标的一致性越高，这样信任程度就会越强。

尹贻林（2011）构建了"信任—合作—工程项目管理绩效"的理论模型，证明了信任是积极促进工程项目管理绩效的。王垚也表明信任对绩效改善具有正向作用。[①] 布伦特等（Brent et al.，2009）和张等（Cheung et al.，2013）从组织行为学角度强调员工合作信任对工程项目参与主体心理或行为的积极影响（主要是满意度和沟通），及其对工程项目管理绩效的贡献。尹贻林，徐志超（2014）基于163份问卷的数据实证分析发现，能力信任与合作和工程项目管理绩效正相关，诚信信任与合作及工程项目管理绩效正相关，项目组织中的合作对工程项目管理绩效具有正面的促进改善作用。

综合上述分析，可以做出如下理论假设：

假设 H8：国际工程项目合作方之间的信任程度会对项目的管理绩效产生正向直接影响。

4.3　理论模型的构建

在依据理论分析提出国际工程项目管理绩效影响因素的理论假设之

---

① 王垚，尹贻林. 工程项目信任、风险分担及项目管理绩效影响关系实证研究［J］. 软科学，2014，28（05）：101 – 104 + 110.

后，结合对于各变量的基础分析，本书提出嵌入文化差异的人员激励体系对国际工程项目管理绩效的影响模型。

首先基于综合激励模型，搭建了人员激励体系即内在性激励和外在性激励通过影响项目人员工作绩效从而影响国际工程项目管理绩效的直接作用路径，然后引入了文化差异和公司制度作为调节变量表示对该条作用路径的调节作用，最后还加入了员工素质、领导能力以及合作信任等控制变量作为对国际工程项目管理绩效的有一定影响的关键因素。于是可以得到各个变量对国际工程项目管理绩效影响的理论模型，如图 4 - 3 所示。在图 4 - 3 中，引入了国际工程项目管理绩效评价体系和人员激励体系。为了重点分析人员激励体系对国际工程项目管理绩效的影响，相比于综合激励模型，对影响模型进行了简化处理，省略了工作绩效对于内在性激励和外在性激励的反馈作用，同时假设内在性激励和外在性激励会直接影响人员的工作绩效，省略了由于激励产生满足感再影响人员工作绩效的作用路径。

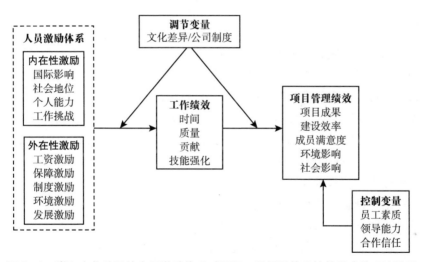

图 4 - 3　嵌入文化差异的人员激励体系对国际工程项目管理绩效影响的理论模型

基于国际工程项目管理绩效影响因素模型的理论结构，需要对其中涉及的核心变量含义进行说明，准确理解每个变量的含义是后文设计量表进行测量的基础，模型变量的含义如表 4 - 2 所示。

表 4 – 2　　　　　　　　　　　　模型变量含义

变量	符号	含义
内在性激励	IM	员工由于参与项目建设而获得的自我激励或自我价值肯定
外在性激励	EM	员工由于参与项目建设而获得的企业给予的物质或精神激励
工作绩效	EP	员工在项目建设中的所取得的工作成绩和效率
文化差异	CD	各国企业在工程项目管理、组织和决策等之间存在的差异
公司制度	ES	人员招聘、权责配置、信息披露等企业制度的合理性
员工素质	SQ	员工的专业水平、综合素质和对工作岗位的认知程度
领导能力	LS	企业领导或项目负责人对于项目的管理能力、决策能力等
合作信任	CT	合作方之间的默契程度、信任程度和利益一致性程度
项目管理绩效	MP	国际工程项目的建设成果、建设效率、成员满意度、对社会发展的贡献和对环境的影响

4.4　本章小结

　　本章首先阐述了模型相关变量的界定及测量，进而对相关变量间的相互关系进行了分析阐述。从人员激励体系对国际工程项目管理绩效的影响分析，得出假设 H1；从工作绩效的中介作用得出假设 H2；从人员激励体系，包括内在性激励和外在性激励对项目人员工作绩效的影响得出假设 H3；从文化差异和公司制度对国际工程项目管理绩效的调节作用得到假设 H4 和假设 H5；进而通过分析员工素质、领导力和合作信任对国际工程项目管理绩效的控制效应得到假设 H6、假设 H7 和假设 H8。在提出理论假设的基础上，综合各变量的相互作用，以综合激励模型为基础，融合第 3 章构建的人员激励体系，于是得到嵌入文化差异的人员激励体系对国际工程项目管理绩效影响的理论模型。

第5章　实证分析

本章首先通过问卷设计、调研访谈以及数据处理得出实证分析的数据基础。然后，利用预处理后的正式调查的 303 个有效样本进行实证分析。其主要内容可以分为两大部分：一是采用描述性的统计分析方法分析统计有效样本里，国际工程项目人员的基本情况和国际工程项目的基本概况；二是利用结构方程模型探究人员激励体系对国际工程管理绩效的影响，并对实证的结果进行分析。

5.1　调查方案设计与数据采集

本节将介绍调查方案的设计过程，包括确定调查对象及目的，确定抽样方法及样本容量，最后介绍调查问卷的设计及数据处理。

5.1.1　调查方案的设计

1. 调查对象及目的

基于笔者所能获得的相关渠道、资料和信息，本书选取的调查对象主要是当前或曾经在非洲国际工程项目中参与、工作过的项目人员，调查国际工程项目的实施状况，目的是：第一，了解中国在非洲的国际工程项目人员的基本概况；第二，了解中国在非洲的国际工程项目的基本概况；第三，评价中国在非洲的国际工程项目的管理绩效；第四，探究人员激励体系对国际工程项目管理绩效的重要影响；第五，分析文化差异对于人员激励体系对国际工程项目管理绩效影响的调节作用；第六，针对文化差异下的人员激励体系对项目管理绩效的影响机制，提出相应的对策和建议，以实现国际工程项目管理绩效的提高。

2. 抽样方法及样本容量的确定

考虑到人力、时间和经费等限制条件，本书采用非概率抽样的方法以获取所需要的人员样本。尽管在采用非概率抽样的条件下不能用样本推断总体特征，但是可以描述样本人群的特点以及进行一些探索性的分析，这适合于本书的研究目的。

具体来看，由于参与中国在非洲的国际工程项目的人员是一个特殊群体，因此可以采用滚雪球抽样的方式获取所需的样本。滚雪球抽样的过程具体是：首先，将调查问卷发放给自己认识的在国际工程项目中工作的朋友们；其次，由于这些朋友会认识更多在该国际工程项目中工作的朋友或者会和更多在其他国际工程项目中工作的人打交道，所以再通过朋友的人际关系继续发放问卷；最后，朋友的朋友们又会将问卷发放给他们所认识的国际工程项目人员，以此类推，就能够准确地获取到那些国际工程项目的员工样本。问卷的发放采用纸质问卷与网络问卷相结合的方式，距离较近的朋友采用纸质问卷，距离较远的朋友采用网络问卷。

由于样本是采用非概率抽样方法获得的，因此样本容量可以根据经验准则确定。一般的经验法则给出调查的样本容量应该至少是问卷总题数的 5 倍。本书设计的调查问卷总题数为 59 题，所以应至少收集 295 个样本。

3. 调查问卷的设计

由于采用调查问卷的方式获取样本，于是需要结合调查目的，同时基于国际工程项目管理绩效影响因素的理论分析，设计调查问卷。调查问卷可以从国际工程项目人员的基本信息、国际工程项目的基本概况、国际工程项目的管理绩效评价、国际工程项目的人力资源激励方式以及国际工程项目管理绩效的影响因素等五个方面进行设计。

（1）国际工程项目人员的基本信息。

为了深入探究国际工程项目的参与现状，需要获取人员的性别、年龄、国籍、婚姻状况、受教育程度、国际工程项目经验、项目职位等基本信息。该部分问卷的设计如表 5 - 1 所示。

表 5 - 1　　　　　　　　　国际工程项目人员的基本信息

变量	问卷题目及选项
性别	您的性别：男/女
年龄	您的年龄：20 岁及以下/20 ~ 30 岁/30 ~ 40 岁/40 ~ 50 岁/50 岁以上
国籍	您的国籍
婚姻状况	您的婚姻状况：未婚/已婚/离婚/丧偶
受教育程度	您的受教育程度：初中及以下/高中/大专/本科/硕士及以上
工作经验	您参与国际工程项目工作的经验：1 年及以内/1 ~ 5 年/5 ~ 10 年/10 ~ 15 年/15 年以上
职位	您在项目中的职位：项目经理/部门经理/普通职能管理者/专业技术人员/普通工人/其他

（2）国际工程项目的基本概况。

为了深入了解中国在非洲的国际工程项目的实施情况，需要获取项目实施国、项目投资规模、项目人员人数、项目建设周期等关于国际工程项目的一些基本信息。于是，该部分问卷的设计如表 5 - 2 所示。

表 5 - 2　　　　　　　　　国际工程项目的基本概况

变量	问卷题目及选项
实施地点	项目在哪国实施
投资规模	项目投资规模：20 亿美元及以下/20 亿 ~ 30 亿美元/30 亿 ~ 40 亿美元/40 亿 ~ 50 亿美元/50 亿美元以上
员工人数	项目人员人数：200 人及以下/200 ~ 400 人/400 ~ 600 人/600 ~ 800 人/800 人以上
建设周期	项目建设周期：2 年及以下/2 ~ 4 年/4 ~ 6 年/6 ~ 8 年/8 年以上

（3）国际工程项目管理绩效评价。

根据前面对国际工程项目管理绩效评价体系的分析，应从项目成果、建设效率、员工满意度、社会影响和环境影响等五个方面评价国际工程项目管理绩效。项目成果由目标完成度、质量、形成规模和盈利能力反映，建设效率由完成时间、建设方案、管理制度、资本投入、劳动力投入反映，员工满意度由员工对个人利益、个人能力、岗位匹配的满意度反映，社会影响由项目对社会的经济发展、就业情况和科技进步的影响反映，环境影响由项目的资源利用和污染情况反映。由于管理绩效评价体系的二级指标都是不可观测的隐变量，因此该部分的问卷设计采用五点 Likert 量表的形式，即针对每个变量的问题描述从 1 到 5 进行评分，其中 1 代表非常不赞同、2 代表比较不赞同、3 代表一般、4 代表比较赞同、5 代表非常赞同，如表 5 - 3 所示。

表 5 - 3　　　　　　　　国际工程项目管理绩效评价量表

一级指标	二级指标	测量项目
项目成果 PR	目标完成度 PR1	能够实现项目建设的预定目标
	质量 PR2	建成后项目的质量符合要求
	形成规模 PR3	建成后项目的规模符合要求
	盈利能力 PR4	建成后项目的盈利可观
建设效率 CE	完成时间 CE1	项目能够比原定计划提前完成
	建设方案 CE2	项目建设方案执行顺利
	管理制度 CE3	基本能够遵循项目管理制度
	资本投入 CE4	项目资本投入的有效利用率较高
	劳动力投入 CE5	项目劳动力投入的有效利用率较高
员工满意度 SS	个人利益 SS1	大多数员工对从项目中获得的利益感到满意
	个人能力 SS2	大多数员工对从项目中获得的能力提升感到满意
	岗位匹配 SS3	大多数员工对自己担任的职位角色感到满意
社会影响 SI	经济发展 SI1	项目成果对地区经济发展有一定促进作用
	就业情况 SI2	项目成果对地区就业改善有一定促进作用
	科技进步 SI3	项目成果对地区科技进步有一定促进作用
环境影响 EI	资源利用 EI1	项目能够有效地利用自然资源
	污染情况 EI2	项目对环境产生的污染很少

（4）国际工程项目的人力资源激励方式。

根据对人力资源激励方式的理论分析，采用综合激励模型对人力资源激励的划分方式，分为内在性激励和外在性激励。内在性激励包括自身因参与国际工程项目，而感到对国际关系做出贡献、社会地位得到提高、个人能力得到提升以及工作充满挑战等自我激励。外在性激励包括工资、保障、公司制度、工作环境、发展机遇等直接对员工产生影响的外在物质激励。于是，该部分的问卷设计见表 5-4。激励方式下的二级指标都是不可观测变量，仍然需要采用五点 Likert 量表进行测量，对每个问题表述进行评分，1 代表非常不赞同、2 代表比较不赞同、3 代表一般、4 代表比较赞同、5 代表非常赞同，具体设计如表 5-4 所示。

表 5-4　　　　　　国际工程项目的人力资源激励方式量表

一级指标	二级指标	测量项目
内在性激励 IM	国际影响激励 IM1	我认为我的工作为国际经济关系的发展做出了贡献
	社会地位激励 IM2	我认为参与国际工程项目建设提升我的社会地位
	个人能力激励 IM3	我认为参与国际工程项目建设能提高我的综合能力
	工作挑战激励 IM4	国际工程项目建设工作带来的挑战吸引着我
外在性激励 EM	工资激励 EM1	丰厚的薪水和奖金激励着我参与项目建设
	保障激励 EM2	各类社会保障（如五险一金）的提供激励着我参与项目建设
	制度激励 EM3	带薪休假、补贴、公开表扬等人性化公司制度激励着我参与项目建设
	环境激励 EM4	良好工作环境、和谐的同事关系和热心的领导激励着我参与项目建设
	发展激励 EM5	培训学习机会、晋升机会和参与公司决策机会激励着我参与项目建设

（5）国际工程项目管理绩效的影响因素。

前面结合国际工程项目的特点，对综合激励模型进行了改造，得到了人员激励体系对国际工程项目管理绩效的影响模型，同时关注了工作绩效、文化差异、企业制度、员工素质、领导能力和合作信任等不可观测变量对项目管理绩效的影响。为了测量这些变量，仍然通过五点 Likert 量表的形式对每个变量下问题的表述进行评分，1 代表非常不赞同、

2 代表比较不赞同、3 代表一般、4 代表比较赞同、5 代表非常赞同。于是，该部分问卷的设计如表 5 - 5 所示。

表 5 - 5　　　　　　　　国际工程项目管理绩效的影响变量表

变量	测量项目
工作绩效 EP	EP1 我能按时完成工作任务
	EP2 我能高质量地完成工作任务
	EP3 我在岗位职责外也对项目做出了贡献
	EP4 为更好建成项目我花了较多精力强化自身技能
文化差异 CD	CD1 参与合作的各国企业在组织结构上有着较大差异
	CD2 参与合作的各国企业或员工在项目管理方式上有着较大差异
	CD3 参与合作的各国企业或员工在项目执行能力上有着较大差异
	CD4 参与合作的各国企业或员工在项目决策行为上有着较大差异
公司制度 ES	ES1 参与合作企业的人员招聘制度合理有效
	ES2 参与合作企业的权责配置制度合理有效
	ES3 参与合作企业的信息披露制度合理有效
	ES4 参与合作企业的利润分配制度合理有效
员工素质 SQ	SQ1 项目的大部分员工专业实力较强
	SQ2 项目的大部分员工的综合素质较高
	SQ3 项目的大部分员工对自己的岗位职责了解清楚
领导能力 LS	LS1 企业领导或项目负责人的管理能力较强
	LS2 企业领导或项目负责人的决策能力较强
	LS3 企业领导或项目负责人的声望较高
合作信任 CT	CT1 项目合作方之间的默契程度较高
	CT2 项目合作方之间相互信任
	CT3 项目合作方之间的利益一致性较强

5.1.2　预调查

在进行正式调查之前，需要先进行小规模的预调查，目的是将预调查获得的数据进行检验，检验调查问卷项目的信度和效度。只有当调查问卷通过检验之后才能用于正式调查，正式调查收集到数据还需经过数据检查、数据清洗、缺失数据处理以及随机性检验之后，才能用于实证分析。

进行预调查可以尽早发现调查问卷的不足之处，及时更正，以避免人力、物力和时间的浪费。预调查的具体过程如下：第一，调查对象：中国在非洲的国际工程项目的员工；第二，调查时间：2018 年 4 月 2 日~2018 年 4 月 4 日；第三，调查方式：纸质问卷与网络问卷相结合；第四，有效样本量：63 份。

5.1.3 信度与效度检验

问卷的检验主要是针对问卷量表的检验，检验问卷量表的可靠性、稳定性和有效性。本书调查问卷中的量表由三部分组成：一是国际工程项目管理绩效评价量表；二是国际工程项目人力资源激励方式量表；三是国际工程项目管理绩效影响因素量表。接着对三个量表分别进行信度检验和效度检验。

1. 信度检验

信度是指问卷调查结果的一致性、稳定性和可靠性。Cronbach's α 系数是常用来测量量表内部一致性的指标。[①] 采用 Cronbach's α 系数对绩效评价量表、人力资源激励方式量表和绩效影响因素量表的各个分维度进行信度分析，结果如表 5 –6、表 5 –7 和表 5 –8 所示。

表 5 –6　　　　　　　　　管理绩效评价量表的信度检验结果

维度	测量项目数	Cronbach's α 系数	信度
PR	4	0.952	十分可信
CE	5	0.953	十分可信
SS	3	0.923	十分可信

---

① 杜智敏. 抽样调查与 SPSS 应用 [M]. 北京：电子工业出版社，2010.

续表

维度	测量项目数	Cronbach's α 系数	信度
SI	3	0.918	十分可信
EI	2	0.913	十分可信

表 5 - 7   人力资源激励方式量表的信度检验结果

维度	测量项目数	Cronbach's α 系数	信度
IM	4	0.934	十分可信
EM	5	0.954	十分可信

表 5 - 8   管理绩效影响变量表的信度检验结果

维度	测量项目数	Cronbach's α 系数	信度
EP	4	0.935	十分可信
CD	4	0.951	十分可信
ES	4	0.948	十分可信
SQ	3	0.941	十分可信
LS	3	0.927	十分可信
CT	3	0.931	十分可信

从表 5 - 6、表 5 - 7 和表 5 - 8 的信度检验可以看出，三个量表的各个维度的 Cronbach's α 系数均在 0.9 以上。简明等（2012）给出了信度判别的标准，其中当 Cronbach's α 系数大于 0.9 时，量表的测量结果十分可信，当 Cronbach's α 系数小于 0.3 时，测量结果才不可信。由此可以说明管理绩效评价量表、人力资源激励方式量表和管理绩效影响因素量表的测量结果具有可靠性、稳定性和一致性。

2. 效度检验

效度是指量表测量的有效性，即量表能否真正达到测量的目的，测量的结果是否反映了研究者想要探究的属性程度。效度的测量通常可以从内容效度、准则效度和结构效度三个方面进行分析。内容效度是指测量内容的相符性，主要检验问卷的测量内容是否符合调查目的，能否体现需要调查的所有问题。由于本书是按照理论分析建立的模型设计的调查问卷，通过设计量表测量不可观测变量，而建立和求解模型的目的正是为了分析管理绩效的影响因素，于是三个量表的测量内容应是有效的。准则效度是指采用不同的测量方法对相同变量进行衡量时的一致性程度，接下来重点分析结构效度的检验。

结构效度是指测量结果与测量属性的同构程度。结构效度检验的具体过程是对管理绩效评价量表、人力资源激励方式量表和管理绩效影响因素量表的各个维度进行验证性因子分析，检验结果如表 5 – 9、表 5 – 10 和表 5 – 11 所示。

表 5 – 9　　　　　　　　　管理绩效评价量表的效度检验结果

维度	题目	因子载荷	特征值 （解释方差%）	KMO	Bartlett 球形检验 （p 值）
PR	PR1	0.877	3.513 （87.816%）	0.871	255.153 （0.000）
	PR2	0.862			
	PR3	0.912			
	PR4	0.862			
CE	CE1	0.784	4.205 （84.096%）	0.871	324.973 （0.000）
	CE2	0.800			
	CE3	0.894			
	CE4	0.832			
	CE5	0.894			
SS	SS1	0.879	2.609 （86.964%）	0.763	139.242 （0.000）
	SS2	0.874			
	SS3	0.856			
SI	SI1	0.839	2.596 （86.548%）	0.757	137.156 （0.000）
	SI2	0.881			
	SI3	0.876			
EI	EI1	0.920	1.840 （91.994%）	0.661	73.939 （0.000）
	EI2	0.920			

表 5 – 10　　　　　　　人力资源激励方式量表的效度检验结果

维度	题目	因子载荷	特征值 （解释方差%）	KMO	Bartlett 球形检验 （p 值）
IM	IM1	0.794	3.369 (84.236%)	0.863	212.501 (0.000)
	IM2	0.834			
	IM3	0.861			
	IM4	0.861			
EM	EM1	0.804	4.219 (84.389%)	0.902	316.101 (0.000)
	EM2	0.804			
	EM3	0.896			
	EM4	0.855			
	EM5	0.860			

表 5 – 11　　　　　　　管理绩效影响因素量表的效度检验结果

维度	题目	因子载荷	特征值 （解释方差%）	KMO	Bartlett 球形检验 （p 值）
EP	EP1	0.740	3.356 (83.900%)	0.850	219.869 (0.000)
	EP2	0.852			
	EP3	0.879			
	EP4	0.885			
CD	CD1	0.881	3.494 (87.344%)	0.871	246.604 (0.000)
	CD2	0.888			
	CD3	0.865			
	CD4	0.860			
ES	ES1	0.807	3.479 (86.972%)	0.854	252.086 (0.000)
	ES2	0.905			
	ES3	0.875			
	ES4	0.892			
SQ	SQ1	0.907	2.685 (89.486%)	0.770	163.591 (0.000)
	SQ2	0.891			
	SQ3	0.887			

维度	题目	因子载荷	特征值 （解释方差%）	KMO	Bartlett 球形检验 （p 值）
LS	LS1	0.872	2.628 （87.588%）	0.765	144.631 （0.000）
	LS2	0.868			
	LS3	0.887			
CT	CT1	0.868	2.642 （88.054%）	0.759	150.547 （0.000）
	CT2	0.870			
	CT3	0.904			

从表 5-9、表 5-10 和表 5-11 中可以看出，对三个量表下的各维度变量进行因子分析之后，KMO 的检验值全都大于 0.7，并且 Bartlett 球形检验的结果非常显著，说明这些维度下的测量题目非常适合做因子分析。接着对于每个维度，按特征值大于 1 的原则都只提取了一个公共因子，其中最低解释方差 83.9%，说明各维度测量项目提取出的公共因子都有比较强的解释方差能力。然后由于各维度测量项目的因子载荷值都在 0.7 以上，说明提取出的公共因子与原始的测量项目之间存在较强的相关性。结合上述分析结果，可以得出管理绩效评价的量表、人力资源激励方式的量表和管理绩效影响因素的量表都是非常有效的。

3. 国际工程项目管理绩效评价体系的因子分析

一方面为了评价比较样本参与的国际工程项目的管理绩效，另一方面为了获取样本参与国际工程项目的管理绩效评分以用于后文的影响因素分析，根据建立的国际工程项目管理绩效评价指标体系，及其提出的理论假设，采用因子分析方法综合评价国际工程项目的管理绩效。

（1）因子分析综合评价的基本原理。

因子分析是一种从原始变量的相关矩阵出发，将一组具有复杂联系的变量归纳为少数几个综合因子的变量降维方法。因子分析的基本思想是根据相关性大小把原始变量分组，使得同组内的变量之间相关性较高，而不同组的变量间的相关性则较低，每组变量用一个称为公共因子的不可观测的综合变量表示。针对具体的研究问题，原始变量可以分解为公共因子和特殊因子两部分。假设存在 p 个标准化后的原始变量 X_1，

X_2, …, X_p, 那么因子分析的模型表示如式（5-1）所示：

$$\begin{cases} X_1 = a_{11}F_1 + a_{12}F_2 + \cdots + a_{1m}F_m + \varepsilon_1 \\ X_2 = a_{21}F_1 + a_{22}F_2 + \cdots + a_{2m}F_m + \varepsilon_2 \\ \cdots\cdots \\ X_p = a_{p1}F_1 + a_{p2}F_2 + \cdots + a_{pm}F_m + \varepsilon_p \end{cases} \quad (5-1)$$

其中，F_1, F_2, …, F_m 表示 m 个独立且不可测的公共因子（m < p），ε_1, ε_2, …, ε_p 表示 p 个相互独立的特殊因子，公共因子与特殊因子之间也是相互独立的。模型中的参数 a_{ij} 称为因子载荷，因子载荷的绝对值越大，表明原始变量与公共因子之间的相关程度越大。实证分析中首先需要估计出因子载荷矩阵，常用主成分法确定因子载荷矩阵，提取出公共因子。通常为了给每个公共因子赋予一个实际含义，可以对因子载荷矩阵进行方差最大化的正交旋转，旋转后的因子载荷矩阵更具有解释力。提取出公共因子后，可以采用回归法计算因子得分，即建立以公共因子为因变量，以原始变量为自变量的回归方程，如式（5-2）所示：

$$F_j = \beta_{j1}X_1 + \beta_{j2}X_2 + \cdots + \beta_{jp}X_p, \quad j = 1, 2, \cdots, m \quad (5-2)$$

将原始变量的实际观测值代入到估计好的式（5-2）中，就能计算每个样本在 m 个公共因子上的得分，即 $\hat{F}_{i1}$, $\hat{F}_{i2}$, …, $\hat{F}_{im}$, i = 1, 2, …, n。

采用因子分析方法进行综合评价的原理就是利用每个样本在 m 个公共因子上的得分，然后以每个公共因子的解释方差比例为权重，对 m 个公共因子的得分进行加权求和即可得到对每个样本的综合评分，如式（5-3）所示：

$$MP_i = \gamma_1\hat{F}_{i1} + \gamma_2\hat{F}_{i2} + \cdots + \gamma_m\hat{F}_{im}, \quad i = 1, 2, \cdots, n \quad (5-3)$$

其中 γ_j 为第 j 个公共因子对所有原始变量的解释方差比例。最后，按照综合评分的大小比较样本之间的优劣。

（2）因子分析实证结果分析。

国际工程项目管理绩效评价指标体系包含项目成果、建设效率、员工满意度、社会影响和环境影响等五个一级指标。进一步，项目成果包含目标完成度、质量、形成规模和盈利能力四个二级指标；建设效率包含完成时间、建设方案、管理制度、资本投入和劳动力投入五个二级指标；员工满意度包含个人利益、个人能力和岗位匹配三个二级指标；社会影响包含经济发展、就业情况和科技进步三个二级指标；环境影响包含资源利用和污染情况两个二级指标。接下来对 303 个样本、17 个二级指标（原始变量）的数据进行因子分析，并给出 303 个样本参与的国际工程项目管理绩效的综合评分。①

①原始变量的预处理。

首先需要计算 17 个原始变量之间的相关系数，只有当相关性达到一定程度（通常相关系数要求大于 0.3），才能进行后续的因子分析。利用 SPSS 软件计算了 17 个原始变量之间 Pearson 相关系数并进行了显著性检验。可以看出，原始变量之间的 Pearson 相关系数均在 0.6 以上，都通过了显著性检验，说明原始变量之间存在比较强的相关性。

为了进一步强调样本适合于做因子分析，同时还进行了 KMO 检验和 Bartlett 球形检验，KMO 检验值为 0.972，Bartlett 球形检验的 p 值小于 0.01，这些都说明了原始变量非常适合于做因子分析。在提取公共因子，还对原始变量进行了标准化处理。

②公共因子的提取。

按照特征值大于 1 的原则提取公共因子，从图 5 - 1 给出的碎石图可以看出采用主成分法提取出的公共因子中有 2 个成分的特征值大于 1，因此应该提取两个公共因子。

119

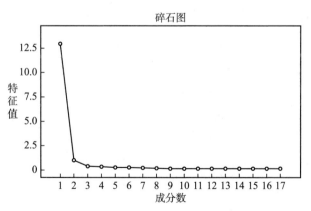

图 5 - 1　共因子提取的碎石图

①　Panagiotakopoulos A. Theimpactofemployeeelearningonstaff motivation in Greek small firms: the employees' perspective ［J］. Development & Learning in Organizations，2013，27（2）：13 - 15.

同时可以得到如表 5 - 12 所示的公共因子对原始变量的解释方差比例。从表中也能得出提取两个公共因子已经能够解释原始变量82.125%的变异。只有前两个主成分的特征值大于1，因此提取两个公共因子最为合适。

表 5 - 12   公共因子对原始变量的解释方差比例

成分	初始特征值			提取平方和载入			旋转平方和载入		
	合计	方差的%	累积%	合计	方差的%	累积%	合计	方差的%	累积%
1	12.960	76.233	76.233	12.960	76.233	76.233	9.136	53.743	53.743
2	1.002	5.893	82.125	1.002	5.893	82.125	4.825	28.382	82.125
3	0.390	2.296	84.422						
4	0.333	1.960	86.382						
5	0.291	1.713	88.095						
6	0.263	1.547	89.642						
7	0.244	1.434	91.076						
8	0.228	1.343	92.418						
9	0.198	1.165	93.584						
10	0.178	1.045	94.629						
11	0.167	0.980	95.609						
12	0.151	0.891	96.500						
13	0.146	0.858	97.358						
14	0.121	0.712	98.070						
15	0.117	0.687	98.756						
16	0.111	0.653	99.409						
17	0.100	0.591	100.000						

③公共因子的解释。

由于已经确定提取两个公共因子，接着需要根据因子载荷矩阵分析两个公共因子的实际意义。为了使其具有更好的解释力，先采用方差最大化法对因子载荷矩阵进行了正交旋转，旋转后的因子载荷矩阵如表 5 – 13 所示。

表 5 – 13   正交旋转后的因子载荷矩阵

原始变量	公共因子	
	F1	F2
PR1	0.358	0.836
PR2	0.385	0.841
PR3	0.430	0.802
PR4	0.471	0.801
CE1	0.794	0.406
CE2	0.823	0.408
CE3	0.798	0.406
CE4	0.829	0.353
CE5	0.826	0.393
SS1	0.796	0.416
SS2	0.785	0.424
SS3	0.825	0.402
SI1	0.738	0.462
SI2	0.796	0.393
SI3	0.821	0.419
EI1	0.829	0.378
EI2	0.817	0.398

从表 5 – 13 中可以看出，原始变量 PR1、PR2、PR3、PR4 在第二个公共因子 F2 上的因子载荷较大，原始变量 CE1、CE2、CE3、CE4、CE5、SS1、SS2、SS3、SI1、SI2、SI3、EI1、EI2 在第一个公共因子 F1 上的因子载荷较大。根据国际工程项目管理绩效的评价指标体系，PR1、PR2、PR3 和 PR4 是对项目建设成果的描述，注重项目建成后的数量大小、质量高低和盈利能力，因此可以将第二公共因子称为"项目结果因子"。而 CE1、CE2、CE3、CE4 和 CE5 描述的是项目的建设效率，SS1、SS2 和 SS3 表示项目人员在工作中的满意度，SI1、SI2 和 SI3

表示项目建设过程对社会经济发展、就业情况和科技进步做出的改善，EI1 和 EI2 则表示项目建设过程中对自然资源的有效利用情况和所产生的污染大小，这些变量之间有一个共性，即都从项目建设过程的角度去评价项目的管理绩效，因此可以将第一个公共因子称为"项目过程因子"。至此，就将原始变量分解为项目结果因子和项目过程因子两部分作用的结果。

④样本参与的国际工程项目管理绩效综合评分的计算。

首先采用回归法计算 303 个样本在项目结果因子和项目过程因子上的因子得分，SPSS 软件直接给出了因子得分的结果。然后，以两个公共因子对原始变量的方差解释比例占其累积方差解释比例的比重为权重，对 303 个样本在两个公共因子上的得分进行加权求和，即可得到每个样本参与的国际工程项目管理绩效的综合评分，如式（5 - 4）所示：

$$MP_i = \frac{53.743\%}{82.125\%}\hat{F}_{i1} + \frac{28.382\%}{82.125\%}\hat{F}_{i2} \qquad (5-4)$$

于是，基于每个样本参与的国际工程项目管理绩效的综合评分，就能深入探究影响国际工程项目管理绩效综合评分的重要因素。

5.1.4　正式调查

在调查问卷通过了信度和效度检验之后，就能将其投入正式调查。正式调查的具体过程如下：

第一，确定调查对象：主要是中国在海外的国际工程项目人员（基本上以大型国有企业为主），包含员工层和领导层，其中员工层居多，受限于笔者的渠道和资源，领导层人数数量相对较少。

第二，确立调查时间：我们集中对调查对象发放了不同形式的问卷，时间在 2018 年 4 月 8 日～2018 年 4 月 12 日，时间集中便于获得受访者相对一致的信息，避免因为时间跨度过大，导致项目发生变化，进而导致对前后参与问卷的项目人员的访谈结果产生不一致的结果。

第三，调查方式：根据不同层及人员的时间、精力以及所在地，我们综合采用了纸质问卷与网络问卷相结合的办法，确保更可能多地获得有效问卷。

第四，回收样本量：为期五天的问卷访谈调研，我们共搜集到 321 份应答问卷，高于问卷设计时预计的 295 份（问卷题目的 5 倍），问卷的样本容量具有较好的说服力。

5.1.5 正式调查数据的预处理

1. 数据的检查

首先，需要检查回收样本问卷中是否存在空白问卷、答案的漏选、题目的漏答以及前后回答的不一致等问题，如果样本存在这些问题，应该将这样的样本剔除；然后，再检查比较录入到 Excel 中的数据和调查到的实际数据是否一致，仔细检查数据中是否存在数字、单位等录入的错误，如果存在不一致，应及时加以更正。本书对回收到的 321 份问卷进行了仔细检查和筛选，剔除了 9 个存在题目漏选的样本。

2. 数据的清洗

数据清洗的目的是剔除那些回答不合逻辑、超出合理范围或前后回答矛盾的样本。由于本书针对的是中非合作的国际工程项目，因此需要剔除那些不是中非合作的国际工程项目。按照此原则，又剔除了 9 个无效样本。

3. 数据的随机性检验

为了说明本书采用的非概率抽样方式后得到的样本数据同样也具有一定的随机性和代表性，因此需要接着对正式调查的数据进行随机性检验。随机性检验是对问卷中的分类变量进行游程检验，游程的概念是指样本序列中连续出现的变量值的个数。对某变量取值的出现是否是随机的进行检验，检验的原假设是样本序列符合随机性抽取的原则。比如当针对 $0-1$ 型变量时，可以采用如式（$5-5$）所示的渐近服从标准正态分布的 Z 统计量：

$$Z = \frac{R - \left(\dfrac{2n_0 n_1}{n_0 + n_1} + 1\right)}{\sqrt{\dfrac{2n_0 n_1 (2n_0 n_1 - n_0 - n_1)}{(n_0 + n_1)^2 (n_0 + n_1 - 1)}}} \qquad (5-5)$$

其中，n_0 表示 0 出现的个数，n_1 表示 1 出现的个数，那么 R 表示总的游程数目。采用数据检查和清洗后的 303 个有效样本，以性别变量为例进行单样本的游程检验，男性的取值为 1，女性的取值为 0，有 199 个样本取值为 1，104 个样本取值为 0，总的游程数为 139。将数据代入式（5 - 5）容易得到，Z 统计量的取值为 0.178，对应的 p 值为 0.859。当显著性水平取 5% 时，不能拒绝原假设，即认为性别变量的样本数据的随机化程度比较高。同样对问卷中的其他分类变量进行游程检验，大多数结果都不能拒绝原假设，即变量的样本序列是随机的。

最终，经过对正式调查数据的预处理和随机性检验，得到了 303 个具有一定随机性的有效样本，可用于后文的实证分析过程。

5.2 描述性统计分析

本节将通过描述性统计分析方法从国际工程项目参与员工的基本情况和项目本身的基本概况两方面出发，分析国际工程项目的建设现状，为相关管理者提供一手参考资料。

1. 国际工程项目的员工情况

首先通过绘制饼状图和直方图描述 303 个受调查样本的性别占比情况、年龄分布情况、婚姻状况、受教育程度、参与国际工程项目工作的经验、工作职位分布情况等，目的是对参与国际工程项目人员的基本情况做一分析，能够较为全面了解员工的基本素质、综合能力等，为促进国际工程项目管理绩效提供底层资料和参考依据。[1]

图 5 - 2 给出了 303 个样本中性别分布情况，其中，男性有 199 位，占 65.68%，女性有 104 位，占 34.32%。由此可以看出投身于国际工程项目的员工大都为男性，这一方面就中国籍员工来说，男性更能忍受长期远离国家，另一方面就非洲人民来说，女性大都为家庭主妇的身份。

---

[1]　钟炜，李粒萍. BIM 工程项目管理绩效评价指标体系研究［J］. 价值工程，2018，37（02）：40 - 43.

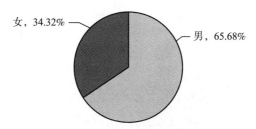

图 5 - 2　样本中的性别占比

图 5 - 3 给出了 303 个样本中的年龄分布情况。可以看出，有 45.87% 的员工的年龄都在 20 ~ 30 岁之间，其次是 30 ~ 40 岁这一年龄段，仅有 3.31% 的员工在 50 岁以上。这体现出国际工程项目的员工呈现出青壮年化的特点，大多数员工都正值事业的起飞期，如何培养和留住这一年龄段的员工对于国际工程项目的未来发展是至关重要的。

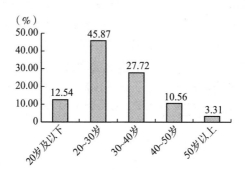

图 5 - 3　样本中各年龄段占比

图 5 - 4 描绘了 303 个样本的婚姻状况，其中有 39.27% 的样本属于已婚群体，依然有 52.48% 的样本未婚，仅有 8.25% 的样本存在离婚和丧偶的情况。由于样本大多属于 20 ~ 30 岁的青年群体，这一群体正处于打拼事业的时期，可能一毕业该群体便投身于工作当中，特别是中国籍员工，长期身处国外，存在耽误结婚的可能性。因此，企业在针对不同国籍员工的管理时，有必要关注员工的婚姻状况，适当给员工提供婚假等人性化举措，这样更有利于员工努力工作。①

———————————————

　①　宫宇翔. 基于平衡记分卡的海外工程项目管理绩效评价研究［D］. 北京：北京交通大学，2017.

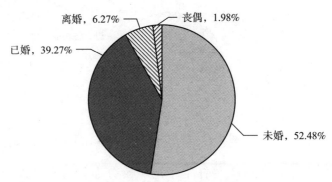

图 5 – 4　样本中婚姻状况占比

　　图 5 – 5 描述了 303 个样本的受教育程度分布情况，容易看出绝大多数员工都拥有本科及以上的学历，其中本科学历的样本占 43.23%，硕士及以上学历的样本占 24.42%。仅有 3.96% 的样本的受教育程度在初中及以下，但是仍有 13.87% 和 14.52% 的样本的学历仅为高中和大专。近些年世界各国大都致力于提高国民的受教育水平，但是世界各国之间教育水平存在着较大差异，不过就此次调查的情况看，国际工程项目人员的受教育程度都普遍较高。随着国际工程项目的大力实施，会需要越来越多的高学历人员参与其中，可能会间接推动教育事业的发展。[①]

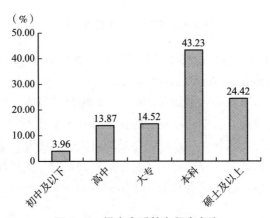

图 5 – 5　样本中受教育程度占比

---

①　尹伟. 工程建设项目期中绩效评价研究 ［D］. 山东：青岛理工大学，2017.

图 5 - 6 给出了受调查样本参与国际工程项目的工作经验，可以看出大多样本的工作经验在 1 ~ 5 年之间，有 47.85%，其次有 19.81% 的样本的工作经验在 5 ~ 10 年内，有相当一部分样本的工作经验在 1 年及以内，仅有 6.27% 的样本工作经验超过 15 年。由此说明国际工程项目还属于较为年轻的国际合作项目，大部分员工的工作经验尚浅，这对于国际工程项目的未来带来了一定的挑战。

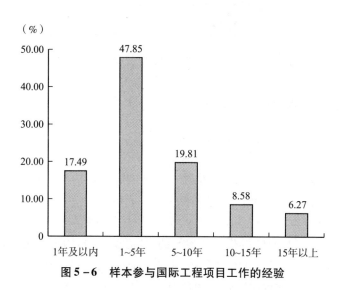

图 5 - 6　样本参与国际工程项目工作的经验

图 5 - 7 描述了 303 个受调查样本中的工作职位分布情况，其中大多数样本的工作职位都是普通工人，其次，26.07% 的样本属于专业技术人员，22.12% 的样本属于普通职能管理者。仅有 7.59% 的样本是部门经理，3.96% 的样本是项目经理。[①] 这说明了国际工程项目对员工的专业基础和综合素质都有一定的要求，专业技术人员和普通职能管理者都需要达到一定的学历才能胜任，而部门经理和项目经理更是需要丰富的国际工程项目的工作经验才能胜任，因此样本职位的占比情况与样本的受教育程度和工作经验是密不可分的，国际工程项目的发展和教育事业的推动之间是相辅相成的。

---

① 于双阳. 中非国际工程项目风险传导关系研究 [D]. 济南：山东大学，2017.

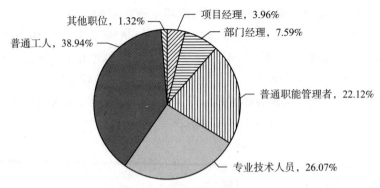

图 5－7　样本中各职位占比

2. 国际工程项目的基本概况

接着，同样采用描述性统计分析方法，从国际工程项目的投资规模、员工规模和建设周期三个方面分析国际工程项目的基本概况，目的是提供对国际工程项目的简要描述，了解国际工程项目的发展现状，为合作方之间提供评估项目实施进展的参考资料。

受调查样本所参与的国际工程项目的投资规模情况如图 5－8 所示。容易看出，有 31.35% 的样本所参与的国际工程项目的投资规模在 80 亿美元以上，有 22.11% 的样本所参与的国际工程项目的投资规模在 20 亿美元及以下。由此说明国际工程项目的投资规模或者较大或者较小，这需要针对具体的工程目标和行业进行分析。[①]

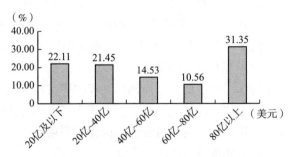

图 5－8　国际工程项目的投资规模

---

① 杨敏青. 企业薪酬激励与绩效管理探析［J］. 中国商论，2017（10）：101－102.

受调查样本所参与的国际工程项目的员工规模情况如图 5 – 9 所示。首先，25.08%的样本参与的国际工程项目的员工人数超过了 800 人，其次，24.09%的样本参与的国际工程项目的员工人数在 200 ~ 400 人之间，也有相当一部分的样本参与的国际工程项目的员工人数在 600 ~ 800 人之间。可以看出，国际工程项目的员工规模在各个人数段分布较为均匀。

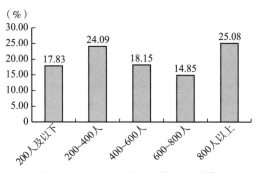

图 5 – 9 国际工程项目的员工规模

图 5 – 10 描绘了样本参与的国际工程项目的建设周期。27.72%的样本参与的国际工程项目的建设周期在 4 ~ 6 年之间，其次有 26.41%的样本参与的项目的建设周期在 2 ~ 4 年之间，仅有 10.23%的样本参与的项目的建设周期在 2 年及以下。这说明国际工程项目属于中长期合作项目，大多数项目都需要花费好几年的时间才能完成，一般项目的建设周期越长，项目的工程量也越庞大，在项目建设期间可以为当地居民提供就业岗位，项目建成后能够促进该地区的经济发展。

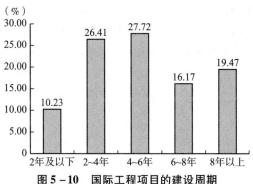

图 5 – 10 国际工程项目的建设周期

5.3   结构方程模型分析过程

本节将在人员激励体系对国际工程项目管理绩效影响理论模型的基础上（见图 4 – 3），采用结构方程模型对 303 个样本进行实证分析，以检验人员激励体系通过影响项目人员工作绩效从而对项目管理绩效产生影响的作用路径，同时检验文化差异和公司制度对该作用路径的调节作用，以及员工素质、领导能力和合作信任对项目管理绩效的直接影响，即检验上一章的理论假设 H1 到 H8 的正确性。

5.3.1   结构方程模型的建立

结构方程模型是一种寻找变量间内在结构关系，验证某种结构关系或模型假设是否正确，当模型存在问题时，可以指导其进行修改的实证分析模型。结构方程模型是反映隐变量和显变量的一组方程，其通过对显变量的测量推断隐变量之间的相互影响关系。结构模型的分析步骤是：首先从理论上假设模型变量之间的相互关系，建立理论模型；然后在估计模型之前需要判断模型的可识别性；当模型可识别时，利用收集到的显变量数据，采用极大似然法对方程的未知参数即路径系数进行估计；模型估计后，还需要对模型与数据之间拟合效果进行评价，如果拟合效果不好，还需要继续对模型进行修正，直至各项评价指标合理为止。

首先，依据第 4 章建立的理论模型构建本书用于实证分析的结构方程模型，模型的建立如图 5 – 11 所示。图 5 – 11 大椭圆中的变量表示无法直接观测的隐变量，其中内在性激励 IM、外在性激励 EM、工作绩效 EP、文化差异 CD、公司制度 ES、员工素质 SQ、领导能力 LS、合作信任 CT 都是隐变量。除此之外，CD × IM、ES × IM、CD × EM、ES × EM、CD × EP、ES × EP 分别表示文化差异与内在性激励、企业制度与内在性激励、文化差异与外在性激励、企业制度与外在性激励、文化差异与工作绩效、公司制度与文化差异的交互乘积项，用来表示文化差异和公司制度对于人员激励体系对工作绩效和工作绩效对项目管理绩效影响的调节效应。矩形中的变量代表可以直接观测的显变量，MP 是利用式（5－5）计算得到的管理绩效综合评分，因此 MP 是显变量，除变量 MP 外，其余矩形中的变量均对应着调查问卷量表中的测量项目，因此也都有直接观测的数据。小圆圈中的变量代表随机误差项。在利用显变量测量隐变量时，由于随机误差的存在，测量总是不完全准确，于是对于每个测量隐变量的显变量都需要引入一个随机误差项。同时，根据回归分析的知识可以得知，每当分析其中一个隐变量对另一个隐变量的影响时，同样需要引入随机误差项。

　　结构方程模型的方程形式应只考虑人员激励体系—工作绩效—国际工程项目管理绩效的主路径分析，结构方程模型路径如图 5－11 所示。

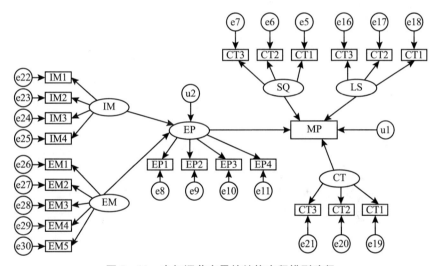

图 5－11　未加调节变量的结构方程模型路径

　　结构方程如式（5－6）和式（5－7）所示：

$$MP = \beta_1 EP + \beta_2 SQ + \beta_3 LS + \beta_4 CT + u_1 \qquad (5-6)$$

$$EP = \alpha_1 IM + \alpha_2 EM + u_2 \qquad (5-7)$$

　　然后，为了进一步探究文化差异和公司制度两个调节变量的作用，可以写出加入调节变量后结构方程模型的方程形式，结构方程模型路径如图 5－12 所示。

131

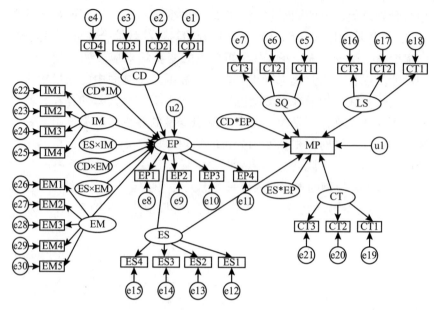

图 5-12　加入调节变量的结构方程模型路径

132

结构方程如式（5-8）和式（5-9）所示：

$$MP = \beta_1 EP + \beta_2 CD + \beta_3 CD \cdot EP + \beta_4 ES + \beta_5 ES \cdot EP +$$
$$\beta_6 SQ + \beta_7 LS + \beta_8 CT + u_1 \tag{5-8}$$

$$EP = \alpha_1 IM + \alpha_2 EM + \alpha_3 CD + \alpha_4 ES + \alpha_5 CD \cdot IM +$$
$$\alpha_6 ES \cdot IM + \alpha_7 CD \cdot EM + \alpha_8 ES \cdot EM + u_2 \tag{5-9}$$

由于测量方程较多，只以 IM 为例，其他隐变量的测量方程与此类似，如式（5-10）所示：

$$\begin{cases} IM_1 = \gamma_1 IM + e_{22} \\ IM_2 = \gamma_2 IM + e_{23} \\ IM_3 = \gamma_3 IM + e_{24} \\ IM_4 = \gamma_4 IM + e_{25} \end{cases} \tag{5-10}$$

5.3.2　结构方程模型的参数估计

为方便结构方程模型的参数估计，减少自由参数的个数，同时使得模型能够识别，将 EP→EP4、CD→CD4、ES→ES1、SQ→SQ3、LS→

LS1、CT→CT1、IM→IM4、EM→EM5 的路径系数设定为固定参数 1，于是这些路径的系数就不需要进行显著性检验。除此之外，还将隐变量的方差设定为 1。

接着采用极大似然法估计上述建立的结构方程模型，模型的估计结果可以分为两部分：表示隐变量间相互影响关系的结构模型的估计结果，见表 5 - 14；表示隐变量对显变量衡量的测量模型的估计结果，如表 5 - 15 所示。重点关注结构模型的估计结果。

表 5 - 14　　　　　　　　　　　结构模型的估计结果

路径	未加调节变量				加入调节变量			
	系数	标准误	p 值	标准化系数	系数	标准误	p 值	标准化系数
IM→EP	0.522	0.024	0.000	0.775	0.077	0.010	0.000	0.056
EM→EP	0.459	0.022	0.000	0.644	0.707	0.025	0.000	0.540
CD→EP					−0.391	0.022	0.000	−0.303
ES→EP					0.126	0.018	0.000	0.090
CDIM→EP					−0.143	0.005	0.000	−0.708
ESIM→EP					0.027	0.001	0.000	0.153
CDEM→EP					−0.038	0.002	0.000	−0.208
ESEM→EP					0.052	0.002	0.000	0.282
EP→MP	0.853	0.037	0.000	0.894	1.031	0.026	0.000	0.695
CD→MP					−0.578	0.028	0.000	−0.301
ES→MP					0.278	0.024	0.000	0.133
CDEP→MP					−0.160	0.005	0.000	−0.529
ESEP→MP					0.129	0.003	0.000	0.500
SQ→MP	0.179	0.016	0.000	0.262	0.087	0.012	0.000	0.044
LS→MP	0.028	0.016	0.075	0.041	0.034	0.013	0.009	0.016
CT→MP	0.034	0.016	0.031	0.050	0.008	0.011	0.448	0.005

表 5 – 15　　　　　　　　　　　　测量模型的估计结果

路径	未加调节变量				加入调节变量			
	系数	标准误	p 值	标准化系数	系数	标准误	p 值	标准化系数
IM→IM1	0.948	0.034	0.000	0.899	0.891	0.037	0.000	0.886
IM→IM2	0.947	0.034	0.000	0.897	1.015	0.042	0.000	0.885
IM→IM3	0.973	0.032	0.000	0.920	0.992	0.038	0.000	0.909
IM→IM4	1.000			0.924	1.000			0.910
EM→EM1	0.963	0.037	0.000	0.893	1.017	0.050	0.000	0.874
EM→EM2	0.960	0.037	0.000	0.890	1.033	0.051	0.000	0.871
EM→EM3	1.018	0.034	0.000	0.936	1.054	0.046	0.000	0.924
EM→EM4	0.975	0.036	0.000	0.903	1.027	0.049	0.000	0.885
EM→EM5	1.000			0.886	1.000			0.852
EP→EP1	0.923	0.057	0.000	0.760	0.839	0.056	0.000	0.731
EP→EP2	0.991	0.052	0.000	0.837	0.955	0.055	0.000	0.814
EP→EP3	1.003	0.051	0.000	0.851	1.022	0.057	0.000	0.830
EP→EP4	1.000			0.847	1.000			0.827
CD→CD1					0.919	0.048	0.000	0.845
CD→CD2					0.954	0.044	0.000	0.901
CD→CD3					1.041	0.048	0.000	0.896
CD→CD4					1.000			0.870
ES→ES1					1.000			0.885
ES→ES2					1.071	0.046	0.000	0.901
ES→ES3					1.077	0.049	0.000	0.878
ES→ES4					1.191	0.050	0.000	0.911
SQ→SQ1	1.012	0.030	0.000	0.955	1.013	0.037	0.000	0.951
SQ→SQ2	0.904	0.037	0.000	0.864	0.999	0.046	0.000	0.848
SQ→SQ3	1.000			0.930	1.000			0.916
LS→LS1	1.000			0.911	1.000			0.886
LS→LS2	0.992	0.035	0.000	0.928	1.149	0.051	0.000	0.920
LS→LS3	0.939	0.037	0.000	0.884	1.098	0.053	0.000	0.868
CT→CT1	1.000			0.935	1.000			0.921
CT→CT2	0.942	0.034	0.000	0.899	0.983	0.041	0.000	0.888
CT→CT3	0.971	0.033	0.000	0.924	0.934	0.036	0.000	0.919

根据表 5 - 14 给出的结构模型的路径系数估计结果及其显著性检验结果。

第一，在其他变量不变的条件下，无论是否加入调节变量，人员激励体系对员工工作绩效的正向影响显著。加入调节变量后，外在性激励的影响大小要明显大于内在性激励。

第二，在其他变量不变的条件下，文化差异和公司制度对员工工作绩效的影响显著，其中文化差异越大，说明文化冲突问题越严重，员工的工作绩效会降低，而公司制度的合理性越高，员工的工作绩效会提高。

第三，文化差异和公司制度对员工工作绩效的调节作用，由于文化差异与内在性激励的交互项 CD × IM，影响系数为 - 0.143 并且显著，说明文化差异越大，会使得内在性激励对于员工工作绩效的促进作用越低。同样地，由文化差异与外在性激励的交互项 CD × EM，影响系数为 - 0.038 并且显著，说明文化差异越大，会使得外在性激励对于工作绩效的促进作用降低，但是降低的幅度会低于文化差异对内在性激励的影响。与此类似，公司制度与内在性激励的交互项 ES × IM 的系数为 0.027，公司制度与外在性激励的交互项 ES × EM 的系数为 0.052，并且都显著，说明公司制度越合理，人员激励体系对工作绩效的促进作用会增强，外在性激励增强的幅度更大。

第四，在未加入和加入调节变量后，工作绩效对项目管理绩效的影响大小分别为 0.853 和 1.031 并且显著，说明其他变量不变的条件下，员工的工作绩效越高，项目的管理绩效也越高。

第五，文化差异和公司制度对项目管理绩效的影响大小，分别为 - 0.578 和 0.278 并且都显著，说明在控制其他变量的条件下，文化差异会对项目管理绩效产生负向影响，而公司制度会对项目管理绩效产生正向影响。

第六，文化差异和公司制度也会对工作绩效以及对项目管理绩效的影响产生调节作用。文化差异与工作绩效的交互项 CD × EP 的系数为 - 0.160 且显著，说明文化差异会对工作绩效以及对管理绩效的促进效应产生负向调节作用。公司制度与工作绩效的交互项 ES × EP 的系数为 0.129 且显著，说明公司制度会对工作绩效以及对管理绩效的促进效应产生正向调节作用。

第七，控制变量员工素质、领导能力和合作信任对项目管理绩效的影响大小，在未加入调节变量的结构模型中分别为 0.179、0.028 和 0.034，在加入调节变量的结构模型中分别为 0.087、0.034 和 0.008。员工素质对项目管理绩效的影响均显著且为正向，而在未加入调节变量的结构模型中，领导能力对项目管理绩效的影响不显著，在加入调节变量的模型中合作信任对项目管理绩效的影响不显著。

表 5 - 15 给出的是测量模型的路径系数估计结果及显著性检验结果，可以看出所有的测量路径均显著，说明了显变量对隐变量的测量是有效的。

5.3.3　结构方程模型的评价

在得到结构方程模型的估计结果之后，需要检验模型对样本数据的拟合效果，如果拟合效果好，则可以直接得到结果，如果拟合不好，还需要进一步对模型修正，然后再分析各变量对国际工程项目管理绩效的影响。

结构方程模型评价的基本思路是首先利用样本值估计出结构方程模型中的未知参数，然后可以根据估计后的模型求解显变量之间的相关系数矩阵，同时利用样本可以直接计算显变量之间的样本相关系数矩阵，两个相关系数矩阵在理论应当相等，于是可以通过比较两个矩阵构造检验统计量来评价模型的拟合程度，就出现了拟合优度指标 GFI、本特勒的比较拟合指数 CFI 等评价指标，利用这些指标就能大致评价模型的拟合优劣。[①]

表 5 - 16 给出了结构方程模型的评价结果。在加入调节变量之前，GFI、AGFI、RMR 这些绝对拟合指标的效果都较差，而 CFI、NFI 和 IFI 指标给出的拟合效果一般，当前条件下，无法直接从 AIC 准则和 CAIC 准则观察模型的拟合效果。因此，从总体上看假设理论模型与观察数据的整体适配度一般。

---

① 何晓群. 多元统计分析：第四版 ［M］. 北京：中国人民大学出版社，2015：258 - 268.

表 5 - 16　　　　　　　　　　结构方程模型的评价结果

评价指标	评价准则	未加调节变量		加入调节变量	
		指标值	评价结果	指标值	评价结果
拟合优度指标 GFI	越接近 1 越好	0.562	较差	0.782	一般
调整自由度的 GFI 指标 AGFI	越大越好	0.475	较差	0.794	一般
均方根残差 RMR	越小越好	0.640	较差	0.102	一般
本特勒的比较拟合指数 CFI	越接近 1 越好	0.689	一般	0.806	较好
相对拟合指数 NFI	越接近 1 越好	0.675	一般	0.837	较好
相对拟合指数 IFI	越接近 1 越好	0.690	一般	0.857	较好
AIC 准则	达到最小值最好	3571.673	—	2445.485	—
CAIC 准则	达到最小值最好	3788.505	—	2770.732	—

　　加入文化差异和公司制度两个调节变量后，GFI、AGFI、CFI、NFI 和 IFI 这些绝对拟合指标相比于未加入调节变量而言显著提高，均在 0.78 以上，其中 CFI、NFI 和 IFI 均在 0.8 以上，假设理论模型与观察数据的整体适配度更佳。加入调节变量后，AIC 准则和 CAIC 准则也呈明显下降，拟合效果更优。

137

5.4　实证结果与分析

　　为了深入探究嵌入文化差异的人员激励体系对国际工程项目管理绩效的影响，可以利用 AMOS21 软件将内在性激励、外在性激励、文化差异、企业制度以及它们的交互项对工作绩效的总的影响分解为直接影响和间接影响，结果见表 5 - 17。同时内在性激励、外在性激励、工作绩效、文化差异、公司制度、员工素质、领导能力、合作信任以及文化差异、公司制度与人力资源激励、工作绩效的交互项等变量对国际工程项目管理绩效的总影响也分解为直接影响和间接影响，结果见表 5 - 18。根据总影响的大小可以验证上一章提出的理论假设的正确性，根据直接影响和间接影响的大小可以了解各影响因素是通过怎样的路径影响结果变量，影响的大小又如何。

表 5 – 17 员工工作绩效的影响变量分解

原因变量	结果变量	未加调节变量			加入调节变量		
		直接影响	间接影响	总影响	直接影响	间接影响	总影响
IM		0.552	0.000	0.552	0.446	0.000	0.446
EM		0.459	0.000	0.459	0.778	0.000	0.778
CD					− 0.047	0.000	− 0.047
ES	EP				0.087	0.000	0.087
CD × IM					− 0.105	0.000	− 0.105
ES × IM					0.003	0.000	0.003
CD × EM					− 0.094	0.000	− 0.094
ES × EM					0.003	0.000	0.003

表 5 – 18 项目管理绩效的影响变量分解

原因变量	结果变量	未加调节变量			加入调节变量		
		直接影响	间接影响	总影响	直接影响	间接影响	总影响
IM		0.000	0.471	0.471	0.000	0.477	0.477
EM		0.000	0.392	0.392	0.000	0.795	0.795
CD					− 0.004	− 0.048	− 0.052
ES					0.176	0.280	0.456
CD × IM					0.000	− 0.107	− 0.107
ES × IM					0.000	0.004	0.004
CD × EM	MP				0.000	− 0.096	− 0.096
ES × EM					0.000	0.003	0.003
EP		0.853	0.000	0.853	1.022	0.000	1.022
CD × EP					0.000	0.000	0.000
ES × EP					0.000	0.000	0.000
SQ		0.179	0.000	0.179	0.100	0.000	0.100
LS		0.028	0.000	0.028	0.007	0.000	0.007
CT		0.034	0.000	0.034	0.022	0.000	0.022

从表 5-18 中可以得出如下结论：

1. 内在性激励和外在性激励对工作绩效存在正向直接影响

加入调节变量后，内在性激励对工作绩效的直接影响由 0.552 减少为 0.446，外在性激励对工作绩效的直接影响由 0.459 增加为 0.778，内在性激励对工作绩效的影响明显小于外在性激励。前面已经定义内在性激励是员工因为参加国际工程项目而获得的，内在性激励很可能会使员工自身对国际关系发展做出贡献、使自身社会地位得到提高、使综合能力得到增加以及对工作充满挑战，激励自己努力为国际工程项目工作，这种激励是源自员工内心的一种看不见的激励。外在性激励比较简单，就是企业给予的丰厚薪水和奖金、各类社会保障、人性化制度、工作环境和发展机会等实际存在的源自外部的一种激励。根据激励理论，这两种激励都会直接影响员工的工作绩效和工作热情，外在性激励符合员工比较低级的物质需求层次，而内在性激励是属于员工较高的精神追求层次，当物质需求得到一定满足的时候，精神需求会带来更大的影响，但是当物质需求不能得到充分满足的时候，精神激励产生的作用就会非常小。由于受调查的员工大多数都为建设工人和技术工人，这类员工的物质需求还有很大的提升空间，所以受调查样本的外在性激励对工作绩效的影响会比内在性激励更大。

2. 工作绩效对国际工程项目管理绩效存在正向直接影响

实证分析结果表明工作绩效对国际工程项目管理绩效存在正向直接影响，与理论假设相符，在未加入调节变量时，影响大小为 0.853，加入后影响大小为 1.022。工作绩效在各类影响国际工程项目管理绩效变量中的影响最大，最为重要。工作绩效对国际工程项目管理存在影响的原因很显然，当员工的工作绩效和工作积极性有了极大提高，员工不仅能够按时完成工作任务，还能高质量地完成工作任务，甚至在岗位职责外也会对项目贡献出自己的一份力量。为了更好地完成工作任务，员工会花费更多精力提升自己，在这种情况下，项目的管理绩效当然会获得很大的提高。然而，员工工作绩效的增加来源于内在性激励和外在性激励相结合，管理者为了提高员工的工作绩效，需从人力资源激励的角度出发进行相关的管理。

3. 内在性激励和外在性激励对国际工程项目管理绩效存在正向间接影响

根据本书建立国际工程项目管理绩效影响因素模型，内在性激励和外在性激励会通过工作绩效间接影响国际工程项目的管理绩效，实证分析的结果验证了这一理论假设是正确的。内在性激励和外在性激励对项目管理绩效的间接影响大小未加调节变量时分别为 0.471 和 0.392，加入后分别为 0.477 和 0.795，内在性激励对管理绩效的间接影响大小仍然比外在性激励要小。因此，为了更有效地促进国际工程项目管理绩效的提高，需要重视人员激励体系的设计、人力资源激励方式的运用，更要注意当前员工外在性的激励更加重要。虽然外在性激励的方式明了、途径简单，但是尺度的把握较为复杂，不仅不同层次的员工之间存在差异，而且不同国籍之间的员工也存在差异。同样地，尽管内在性激励来源于员工的内心感受，但是项目管理者仍能从外界刺激内在性激励，比如扩大公司的国际影响，打造企业的品牌知名度，给予员工更多的复杂、有趣且充满挑战的工作任务等。

140

4. 文化差异对人力资源激励、工作绩效和工作绩效对项目管理绩效的影响大小存在负向调节作用，并且文化差异本身对工作绩效存在负向直接影响，对管理绩效既存在负向直接影响也存在负向间接影响

实证分析的结果表明：其一，文化差异对人力资源激励对工作绩效影响的调节作用大小为 $CD \times IM$ 和 $CD \times EM$ 的系数，分别是 -0.105 和 -0.094，说明文化差异越大，内在性激励和外在性激励对工作绩效的促进作用越小。在国际工程项目实践中，较大的文化差异往往会带来内外在激励手段的弱化，其原因在于一个工程项目中的激励手段、标准是相对统一的，但作用于不同文化背景的员工，就会带来差异性效果，有时候甚至出现相抵触的情况。反之，文化差异越小，相对统一标准下的激励手段，就能更有针对性地覆盖员工全体，产生统一性的效果。其二，文化差异对工作绩效之于项目管理绩效影响的调节作用大小为 $CD \times EP$ 的系数，影响大小为 0，说明文化差异对该影响路径的调节作用不显著。在国际工程项目管理中，工作绩效都有固定的考核标准，并与管理绩效的考核标准相适应，这些标准往往具有普遍适用性，

以及有很强的正相关联系，不会因文化差异而有所不同，因此不同文化背景的员工都能更好适应统一性的考核标准，并进行遵守和执行。其三，文化差异本身对工作绩效产生的影响为 -0.047，说明文化差异越大，工作绩效越低。文化差异对项目管理绩效的直接影响为 -0.004，间接影响为 -0.048，说明文化差异越大，项目的管理绩效也越低。文化差异对工作绩效和管理绩效的负向作用，主要源于在同一团队中，不同文化背景的员工因专业分工而产生对团队工作绩效，以及管理绩效不同的作用效果，文化差异小，员工向心力强，拧成一股绳，劲往一处使。反之，则会在过程中产生相互冲突，从而降低效率及产出结果，影响工作绩效和管理绩效。

以上的分析结果说明了为了提高项目的管理绩效以及人力资源激励对项目管理绩效的促进效果，需要重点对待国际工程项目中的文化冲突问题，寻求两国员工之间的共存之路。只有加强员工之间的交流沟通，才能使员工齐心协力高质量地完成项目的建设。

5. 公司制度对人员激励体系对工作绩效和工作绩效对项目管理绩效的影响大小存在正向调节作用，并且公司制度本身对工作绩效存在正向直接影响，对管理绩效既存在正向直接影响也存在正向间接影响

实证分析的结果表明：其一，公司制度对人员激励体系对工作绩效影响的调节作用大小为 ES×IM 和 ES×EM 的系数，分别是 0.003 和 0.003，反映了公司制度的合理程度越高，内在性激励和外在性激励对工作绩效的提升作用越大。制度合理性会加剧激励的效果，鼓励员工去提升工作绩效以获得回报。反之，如果制度存在不合理性，激励会受到员工的质疑和一定的抵触，由此带来激励对工作绩效的作用效果会降低。其二，公司制度对工作绩效对项目管理绩效影响的调节作用大小为 ES×EP 的系数，影响大小为 0，说明公司制度对该影响路径的调节作用不显著。参考前文的分析，工作绩效和管理绩效的关联性及对应性，决定了其不会过多地受到公司制度层面的影响。其三，公司制度本身对员工工作绩效的直接影响为 0.087，体现了公司制度合理性对工作绩效的正向促进作用。公司制度对项目管理绩效的正向直接影响为 0.176，间接影响为 0.280，说明公司制度越合理，项目的管理绩效越高。制度合理性能鼓励员工积极地去提高工作绩效以获得回报，并因此带来团队管理绩效的不断提高，意义重大。

以上分析结果表明对于国际工程项目的参与企业来说，需要在该项目的背景下，设计和建立科学、合理、有效、系统的公司制度，这对于提高项目管理绩效以及提高人员激励体系对管理绩效的促进效果有着重要意义。

6. 员工素质、领导能力和合作信任等控制变量都对国际工程项目管理绩效存在正向直接影响

员工素质对国际工程项目管理绩效存在正向直接影响，这与理论假设相符，加入调节变量前的影响大小为 0.179，加入后减少为 0.100。员工的素质是通过员工的专业实力、综合能力和对岗位职责的熟知程度体现的，因此当员工的专业实力越强、综合能力越强、对自己的岗位职责非常了解的时候，项目的管理绩效自然会得到很大的提升。在实际国际工程项目实践中，中方员工的素质普遍高于非洲地区员工，此时，在非洲的国际工程项目里，非洲员工的整体素质，对项目进度、工期、完成的工作绩效，考核的管理绩效都将产生重大影响。因此，企业在招聘人员时，既要注重应聘者的受教育程度、专业对口等条件，也应结合国际工程项目存在文化差异的特点，把握应聘者的综合能力，如语言能力等，这样可以使得项目管理绩效有所提高。

领导能力对国际工程项目管理绩效存在正向直接影响，这与理论假设相符，加入调节变量前的影响大小为 0.028，加入后减少为 0.007。领导者的管理能力、决策能力和声望对于项目管理绩效的提高非常重要，直观上，领导者的能力越强，项目的管理绩效越高。深层次上，项目的整个实施过程都是由领导层所把控，项目的实施时间、主要任务和建设目标等都需要由领导层的仔细斟酌、全面讨论和详细制定建设方案。国际工程项目中，一个好的领导，更能协调管理中出现的各类问题，更能缓冲文化差异带来的负面影响，并积极协调各方利益，平衡团队的管理局面，最终带来一个较好的产出和项目结果。因此国际工程项目的项目经理、项目总监这样的核心岗位，在项目启动阶段的招聘、应聘环节，都是至关重要的筛选过程，甚至能决定项目最终的成败及盈亏。

合作信任对国际工程项目管理绩效存在正向直接影响，同样与理论

假设相符，加入调节变量前影响大小为 0.034，加入后减少为 0.022。合作信任对国际工程项目管理绩效的影响来源于项目合作方之间的默契程度、相互的信任程度以及利益一致性程度。当中非合作方之间在项目管理、项目决策、项目实施和项目评估等上的工作非常默契，中非合作方之间互相信任彼此，淡化种族的偏见和弥补文化的差异，这些对于提高国际工程项目管理绩效都是有巨大的促进作用。合作信任，可以理解为是文化差异的另一种呈现。更好的合作信任，意味着在项目过程中大家排除个人的想法，而共谋一致的利益，这不仅能较好地带来团队一致性的产出，同时，也能更好地抵消文化差异、摩擦的负面影响，为最终的工作绩效、管理绩效提供正面的支撑。另外，中非合作方之间的利益一致性越高，即国际工程项目对于促进两国之间的经济发展、就业改善、科技进步和综合实力的提高都将有帮助，对两国产生的资源负担和环境影响也将较小，那么国际工程项目就会更加容易管理，管理绩效也会随之提高。

5.5 本 章 小 结

本章在第五章理论模型和理论假设的基础上，通过问卷设计，调研访谈和数据处理，对模型和采集数据实证分析，所得的结论基本符合上一章提出的理论假设，具有较好的一致性结果。

第6章 结论与展望

本章将对基于扎根理论构建的嵌入文化差异的人员激励体系，以及基于文化差异的人员激励体系对国际工程项目管理绩效影响的理论模型，及其实证分析结果等相关结论进行总结归纳，同时提出了本书的研究结论及局限性，并对可能的后续研究方向进行展望。

6.1 研究结论

第一，国际工程项目呈现快速发展态势，文化差异比较突出。从当前中国国际工程发展趋势来看，中国对外（如非洲）的承包工程项目的完成营业额总体上呈现出不断上升，并且增长速度不断增加的发展趋势。随着全球经济一体化程度的逐步深入，中国与其他国家的合作伙伴关系日益密切，国际工程项目正呈现出快速发展的大好局面。

从项目参与人员来看，国际工程项目中的人员主要来自中国和其他国家，存在人员之间的文化差异也是国际工程项目的一大特点。因此国际工程项目的管理层在设计人员激励体系时，应当关注国际工程项目发展过程存在的文化差异问题，只有在充分了解到这些问题的条件下，才能更好促进项目管理绩效的提高。随着国际化发展步伐的加快，我国在国际工程项目发展过程中，整体发展速度非常快，由此带来的国际工程实施过程中人员的复杂性大大的提升，这为国际工程项目人员激励体系的构建奠定了理论基础，正是基于这一点需求，因此需要在这一方面进行更加深入的分析。从实际发展角度来看，针对国际工程项目发展趋势进行分析，对于下一步制定更加合理的人员激励体系也有着非常重要的意义和作用。

第二，根据国际工程项目人力资源激励的特点及其构建原则，建立了人员激励体系，其内外部激励的影响效果有明显差异。

依托扎根理论，以综合激励模型为基础，从内在性激励和外在性激励两大方向入手，构建了文化差异背景下的国际工程项目人员激励体系，区别于传统的人员激励体系，国际工程项目的人员激励体系，在内在性激励方面更强调工作挑战、个人能力、社会地位和国际影响力因素；而在外在性激励方面，更突出工资、保障、制度、环境和发展五大要素。通过层次分析法对样本案例的人员激励体系进行结构化分析发现，内在性激励方面，个人能力和社会地位的重要性最高，二者合计权重占比高达79%，而外在性激励方面，工资和环境的作用效果最强，二者权重分别为41%和26%。

第三，实证分析的结果表明，文化差异以及公司制度对于人员激励体系影响国际工程项目管理绩效过程中的调节作用是显著的。

实证检验了人员激励体系通过工作绩效对国际工程项目管理绩效的影响机制，以及文化差异和公司制度对于影响路径的调节效应。通过对人员激励体系影响工作绩效，工作绩效影响项目管理绩效，并对人员激励体系对项目管理绩效的影响三者对比，来检验工作绩效作为中介影响人员激励体系对项目管理绩效的作用效果。同时实证分析得出文化差异越大，内在性激励和外在性激励对工作绩效的促进作用越小，工作绩效和项目管理绩效也越低。公司制度越合理，项目管理绩效越高。因此管控文化差异带来的冲突风险，优化完善公司制度体系，也是提高人力资源激励效果和国际工程项目管理绩效的重要途径。

第四，文化差异下，外在性激励对国际工程项目管理绩效的影响作用要大于内在性激励，这和传统（非国际化）工程项目的相关结论有所区别，这也是由文化差异对人员激励体系和国际工程项目管理绩效的影响不同而造成的。

外在性激励对工作绩效的影响要大于内在性激励；外在性激励对国际工程项目管理绩效的间接影响仍然比内在性激励大。分析内外在激励对工作绩效的影响时发现，加入调节变量后，内在性激励对工作绩效的直接影响由0.552减少为0.446，外在性激励对工作绩效的直接影响由0.459增加为0.778，内在性激励对工作绩效的影响明显小于外在性激励。由于对外项目的风险较高，因此员工关注的更多是简单直接的利益诉求，同时本研究访谈调研的对象也多为基层员工，他们更关注切实的利益，这符合基层员工的利益诉求和需求特点。分析内外在激励对国际工程项目管理绩效的影响时发现，内在性激励和外在性激励对项目管理绩效的间接影响大小未加调节变量时分别为 0.471 和 0.392，加入后分别为 0.477 和 0.795，内在性激励对项目管理绩效的间接影响大小比外在性激励要小，这表明在文化差异的制度环境中，提高国际工程项目管理绩效切实可行的方法仍然是制定符合员工诉求的外部激励组合（薪资、福利、环境等）。

第五，员工素质、领导能力、合作信任对国际工程项目管理绩效存在正向直接影响，而文化差异对管理绩效的调节作用会减弱上述正向直接影响。

通过数据分析，员工素质、领导力和合作信任对国际工程项目管理绩效都存在一定的正向影响，但加入调节变量后，影响明显减弱。这表明，在有文化差异和公司制度的环境中，简单的素质、领导和团队管理并不足够带来项目管理绩效的直接提升，相反，需要更加精细化的人员激励体系来促进三者的提升以改善工作绩效，进而提升国际工程项目管理绩效。

6.2 管理启示

6.2.1 综合考虑内外部激励及其细化因素，设计合理完善的人员激励体系

由实证结果可以知道：第一，内在性激励和外在性激励对工作绩效存在正向直接影响；第二，工作绩效对国际工程项目管理绩效存在正向直接影响；第三，内在性激励和外在性激励对国际工程项目管理绩效存在正向间接影响。所以，这三个结论表明，人员激励体系要两者兼顾，而且保持恰当的比例。进而可以提高国际工程项目人员的工作绩效、改善国际工程项目的管理绩效。必要激励举措可以调动员工的工作积极性和工作绩效，发挥他们最大的潜能为企业做出贡献。

国际工程项目管理过程中在构建人员激励体系时，要充分了解人的内在需求，抓住激励关键的因素，将个人利益、个人需要与组织目标、管理绩效结合起来。个人的工作绩效除了取决于个人努力程度外，还受到个人能力与素质、内在性激励、外在性激励以及激励环境等激励机制要素的影响。合理设计激励方式，兼顾物质与精神，实施全面合理的内外在激励机制，外在性激励与内在性激励各有不同的功能，互相补充、缺一不可。

1. 坚持目标导向

目标是发挥激励体系，促成工作绩效提高，进而提升项目管理绩效的重要标准。人员激励体系首先要确立激励目标，激励目标的设定必须遵循 SMART 原则，即目标必须是具体的（Specific）、可以衡量的（Measurable）、可以达到的（Attainable）、要与其他目标具有一定的相关性（Relevant）、具有明确的截止期限（Time - bound）。当前我国国际工程项目分布全球，对于欧美等发达地区，员工素质较高，其管理和激励的效果相对较好。而针对亚非拉等欠发达地区，员工素质参差不齐，特别是非洲员工，文化水平较低，此时，基础培训与目标管理的意义就非常重要，提升团队短板员工的综合能力，及其对目标的理解与执行，将极大提升工作绩效和管理绩效。

2. 外在激励坚持市场导向

外在激励要求顺应市场规律，员工的报酬要大于等于市场标准，同时兼顾员工的职业发展通路。制定合理、公平的薪酬制度、保障制度、晋升制度和福利待遇等激励员工努力工作。因个人能力、素质的差别，制定激励机制要体现个人价值的实现及潜能的发展。根据个人能力、兴趣等综合因素，为个人设计合理的职业发展规划，可使个人对未来有较明确的期望，有利于工作绩效的提升。以中非工程项目为例，非洲员工对于基础性的外在激励，非常敏感，且有更强、更直观的认识，因此简洁、清晰的内在激励手段具有更好的作用效果。

3. 内在激励注重满足员工高层次需求

根据马斯洛的层次需要理论，当人们的温饱问题解决后，人们更注重自己高层次需要的满足。个体不会考虑外界奖酬的情况，而是把个人追求、社会荣誉、国际影响地位以及展现提高个人能力作为满足自我实现的激励手段，可以满足个人实现自我需要、具有比他人更优越地位的心理满足，使得个人能够发挥个体积极主动性、做富有挑战性的相关工作。内在激励的手段往往更加适用于高层次，高水平员工，因此在欧美国际工程项目中，这类手段具有更好的实施效果，而在中非项目中，收效甚微。

4. 工资激励、环境激励和个人能力激励对于员工积极性提升非常重要

依据人员激励体系，建立了尼日利亚水泥厂项目资料收集框架，基于此对项目副经理进行了深度访谈，将访谈信息进行整理汇总，主要归纳项目的背景信息、人员安排信息以及人力资源激励方式的重要性比较结果，然后依据获取的信息，采用层次分析方法评价各种人力资源激励方式的相对重要性大小，并且赋予了相应的权重值。层次分析结果说明了工资激励、环境激励和个人能力的相对重要性。由此可以看出，给予员工适当的工资奖励，为员工营造一个安全、稳定、和谐的工作环境，以及重视员工的个人能力培养和个性化发展，这些都是从员工内心最需要的角度去考虑，只有这样才能真正激励到员工努力工作，高质量地完成工作任务，提高工作绩效。由于国际工程项目分布于全球各地，且各地生态环境、人文环境、政治环境各异，因此不同环境的安全性，会极大影响项目员工，特别是中方员工（非属地国员工）的工作热情与效率，极端情况下，如果在时局动荡的非洲地区，不安稳的政治环境和当地战争态势，会严重拉升项目人员的流失率，增加团队的不稳定因素。

6.2.2 制定嵌入文化差异因素的人员激励体系，匹配国际工程项目特点及需求

文化差异引起文化冲突主要表现在五个方面：即宗教信仰不同以及风俗习惯差异而导致的文化冲突、沟通方式差异引起的文化冲突、人力资源管理差异导致的文化冲突、由管理者文化差异造成的文化冲突、由消费者文化差异引起的文化冲突。文化冲突通常要经历蜜月期、碰撞

期、整合期、创新期和适应期，与这五个时期相对应，国际工程项目的
文化差异管理一般会经历文化探索阶段、文化冲突阶段、文化调整阶
段、文化发展阶段，直至文化适应阶段。

在人员激励体系中对应地要考虑到不同国籍及至不同民族员工的宗
教信仰和风俗习惯，在采取物质或精神激励时有区别对待规定条款；在
沟通方式的差异方面，需要激励的管理部门注意方式，让员工在得到好
的激励时，更有好的体验；人力资源管理、管理者文化、消费者文化方
面的差异都要人员激励体系制订时囊括进去。

尤其要注意的是，当母国文化与东道国文化之间存在着巨大差异
时，最易产生文化碰撞和冲突，最有效的解决办法是充分发挥母公司外
派管理人员的作用，由其进行冲突规避，避免在敏感地带造成双方文化
的冲突，特别在宗教势力强大的国家更要特别注意尊重当地的信仰。这
也要求在选派管理人员时要考虑其综合素质，考虑其文化差异的适应性
与管理能力。

6.2.3　从国际工程项目管理绩效的结果和项目中期过程的目标两方面评价管理绩效更加全面

根据国际工程管理绩效的统计评价指标体系，对目标完成度、质
量、形成规模、盈利能力、完成时间、建设方案、管理制度、资本投
入、劳动力投入、个人利益、个人能力、岗位匹配、经济发展、就业情
况、科技进步、资源利用和环境保护等原始变量进行因子分析，根据特
征值大于1，提取了两个公共因子，然后按照原始变量在两个公共因子
上的因子载荷大小，可以将两个公共因子分别命名为"项目结果因子"
和"项目过程因子"。在建立国际工程项目管理绩效评价体系时，是从
项目建成效果、项目建设效率、项目成员满意度、社会发展和环境五个
方面建立的，最后在计算综合评分时，又将项目管理绩效综合为项目结
果和项目过程两大方面，直观上理解，对于项目管理绩效的评价不仅要
从项目管理的结果来看，更要考虑到项目建设过程的重要性，这样才能
全面地评价国际工程项目的管理绩效，这也是本书相较之前的项目管理
绩效研究有所改进的地方。从项目过程管理到项目结果管理进行双重管
理，在国际工程项目实践中，意义重大。因为项目总体周期较长，而外

部环境变化较快，过程管理就显得尤为必要，如何有效地针对过程中的变化采取相应的措施进行调整，从而保证结果的获得，是管理者需要思考的问题。国际工程项目中，政治环境变化，当地物价水平变化，合作方财务水平变化等，都会对项目，特别是项目中的国际员工产生各类影响，需要管理者重新制定激励政策、手段、标准来适应变化。中期的过程评价能更加精准地掌控项目运营，结果评价则是综合反映项目成败得失。

6.2.4 搭建不同国籍员工沟通交流平台，促进文化融合

文化差异的存在降低了人员激励体系对项目管理绩效的积极影响。基于构建的国际工程项目的人员激励体系和人力资源激励方式的重要性大小，以及项目管理绩效的综合评价结果，在人员激励体系对管理绩效影响的理论模型的基础上，通过建立结构方程模型进行实证检验，可以得到项目管理绩效、人员激励体系、文化差异、公司制度等核心变量之间的影响关系。人员激励体系对工作绩效存在正向直接影响，并且工作绩效对国际工程项目管理绩效存在正向直接影响，从而人员激励体系对项目管理绩效存在正向间接影响。这一结论体现出构建科学合理的人员激励体系对于提高国际工程项目管理绩效的重要性。文化差异对人力资源激励对工作绩效的影响效应存在负向调节作用，对工作绩效对项目管理绩效的影响效应也存在负向调节作用。文化差异本身对工作绩效存在负向直接影响，对项目管理绩效既存在负向直接影响也存在负向间接影响。这些结论都说明了尽量避免和减少不同国籍员工之间的文化冲突，减少员工之间文化差异的影响，加强他们之间的交流沟通，促进员工之间的相互融合，对于提高国际工程项目管理绩效存在重要意义。公司制度对人力资源激励对工作绩效的影响效应存在正向调节作用，对工作绩效对项目管理绩效的影响效应也存在正向调节作用。公司制度本身对工作绩效存在正向直接影响，对项目管理绩效既存在正向直接影响也存在正向间接影响。于是，参与国际工程项目的企业需要通过建立和设计合理且有效的公司制度，从企业人才招聘、权责配置、信息披露等各个方面把握项目的建设实施过程，既从全局角度监控项目的实施过程，又详细到各个建设阶段的具体建设任务，真正做到从里到外、从上到下提高

国际工程项目的管理绩效。

　　鉴于此，搭建不同国籍员工沟通交流的平台，促进文化融合。由第5章的实证结论可知：文化差异对人力资源激励对工作绩效和工作绩效对项目管理绩效的影响大小存在负向调节作用，并且文化差异本身对工作绩效存在负向直接影响，对管理绩效既存在负向直接影响也存在负向间接影响。这说明文化差异是双刃剑要慎重处理，处理得好既可以避免对工作绩效的影响，又可以提高国际工程项目的管理绩效，处理不好则反之。

　　在国际工程项目建设的整个生命周期中，每个阶段都会有来自不同国籍的员工参与项目的方方面面的建设，语言的障碍和文化的差异必然阻碍了不同国籍员工之间的交流沟通，这也正是国际工程项目的一大特点。首先是语言方面，以某一种语言作为官方语言，加强不同国籍员工之间语言的学习与交流，熟悉一些在项目建设过程中的通用词汇，在实践中慢慢克服语言不通的障碍。其次是文化的差异，举办各类讲授各国文化之间的讲座、课堂，甚至是交友会等，可以让每个员工都有机会去分享自己的家乡的风俗和文化等。

　　特别是考虑文化差异对工作绩效产生负向调节作用，那么就需要搭建员工沟通交流平台，在公司内部，在文化差异问题上有目的地使大家文化互信，文化包容。同时要注意文化的融合，如何消除文化差异，使员工之间和睦相处，使工程项目公司与东道国的社区、客户、环境、政府和谐共处。

　　在国际工程项目中，定期开展正式非正式的团建交流活动，是提升员工融合度，提高合作双方员工合作信任的重要手段。因此，在进行项目管理和预算编制的时候，这类相关费用应在项目前期进行合理预留以保障相关开支，来降低文化差异的负面影响。

6.2.5　完善公司各项制度与激励制度形成合力

　　实证研究表明：公司制度对人力资源激励对工作绩效和工作绩效对项目管理绩效的影响大小存在正向调节作用，并且公司制度本身对工作绩效存在正向直接影响，对项目管理绩效既存在正向直接影响也存在正向间接影响。

公司制度涉及公司管理的方方面面，也是提高国际工程项目管理绩效与工作绩效的重要保证。公司制度有物流、财务、成本、融资、销售、公关等制度。以公司的成本管理制度为例，在国际工程项目建设的初期，应该对项目会发生的各种重要成本有一个比较准确的估计，这既是项目建成绩效的全局把握，也是对项目管理绩效的重要反映。只有能够准确地估计到在项目建设过程中可能发生的各类成本，才能对这些成本加以控制和降低。就尼日利亚水泥厂项目来说，项目的成本主要体现在劳工的雇佣成本、社会的风险成本、员工的培训成本等。对于劳工雇用成本和员工培训成本的降低和控制，可以从设计科学合理的人员招聘制度做起，根据不同岗位的要求，选择相适应学历、技术水平和薪资要求的员工，不会发生在一些技术要求高岗位上招到了学历很低的员工，而学历较高的员工在技术水平很低的工作岗位上的情况，这样既减少了劳动雇佣成本，又降低了员工培训成本。社会的风险成本，是由于非洲国家存在反政府的武装势力，暴乱冲突现象频繁，项目的建设工地和员工存在受到反政府力量的袭击的可能性，导致财产的损失和人员的伤亡，增加了项目的建设成本。于是为了避免社会风险成本的增加，对于项目的施工现场可以采用全封闭式的管理模式，通过建筑围墙和铁丝网保护施工现场。对于员工的保护，可以聘请配备有枪支的保安在员工的活动场所周围进行巡逻，以防止暴乱分子的袭击。项目成本的精确管理还有利于国际工程造价的准确评估。作为"走出去"的细化政策，"一带一路"倡议明确了我国新一轮对外开放的方向，国际工程项目承包企业迎来历史性的发展机遇。但是在国际工程造价方面，决不能机械地套用国内模式，如果把国内的经验用于国际工程造价评估，将会引起较大的偏差，于是应该结合所在国的特点、国际环境和国际工程的经验法则，才能准确地对国际工程项目进行评估。在国际工程项目中，如何能将统一化标准，与项目所在地的实际情况相结合，进行针对性调整，以适应项目的外部环境和团队人员，是公司制度设计的关键环节。

6.2.6 提高员工素质与领导能力，加强合作

由于员工素质、领导能力和合作信任等控制变量都对国际工程项目管理绩效存在正向直接影响。所以要通过多种途径培养高素质员工，通

过多种途径提高其领导能力，通过刚性与柔性的结合加强与各利益相关者的合作。

　　培养高素质的员工。根据对国际工程项目人员的调查可以得知，大多数员工的学历水平较高，员工所担任的职位多为管理岗位和技术岗位，而且对于尼日利亚水泥厂项目来说，八成以上的员工来自中国，并且中国员工的学历和技术水平相比当地员工要高，占据着项目中的重要管理职位和技术职位。为了更好地促进国际工程项目管理绩效的提升，加强对员工素质的培养是非常有必要的。员工的素质即为人品质、专业实力和综合能力，这些对于项目的实施都是至关重要的，因为项目建设的每一个环节都会有员工的参与，无论是最底层的建筑工人，还是最高层的领导者和决策者，他们的作用或大或小，但是他们整体素质的提高对于项目建设的效率和质量的保证都是不可或缺的，因此为了提高项目的管理绩效，需要加强对项目人员的素质培养。

　　提高领导能力。在实际工作中，要不断增强领导者的领导力，可以从这几个方面入手：第一，领导要经常学习，用理论知识充实自己，用现代技术手段武装自己。第二，经常自省，自省是自我认识、自我分析、自我完善、自我提升的过程。第三，领导要学会用人格魅力来感染人、影响人。第四，树立正确的用人观是管理活动中最活跃的因素，领导者要牢固树立"以人为本"的管理理念，通过树立科学的用人观念和坚持正确的用人导向，激发每个人的积极性、主动性、能动性，把全体单位成员的思想与精力集中到单位事业的成功和个人价值的实现上来。总之，领导者要提升"领导力"，既要练内功，也要练外功；要恰当地运用权力因素与非权力因素，树立权威使单位成员凝聚在自己周围；既要加强学习、提高素质；又要树立良好形象，加强管理。

　　换位思考包容差异，加强与各方合作。因为在国际工程项目的建设过程中，必然会涉及众多的利益相关方，如业主、承包商、分包商、原材料供应商、设备供应商、建筑工人等。如何建立各方之间的合作信任关系对于项目的顺利建设极其重要。建立合作信任关系的最好方法之一就是签订各方之间的合同或者设定规章制度使得各方的利益一致并且目标一致，即更高质量并且更高效率地完成项目的建设。因此项目合同的设计对于保持各方之间良好的合作信任关系有着重要的作用。

　　国际工程项目的建设过程中，必然涉及文化冲突问题。"一带一路"倡议要求建立完善以推进包容为核心的文化交流合作机制，完善包容的工作机制同样适用于解决国际工程项目中存在的文化冲突问题。优化文化交流内容，推进文化差异沟通，聚同化异，努力弥合双方因文化、制度、法律等方面差异带来的障碍。建立完善收益共享、风险共担机制，打造利益共同体。建立共同责任制，合作双方共同对员工负责、对企业的未来负责，以赢得当地尊重。建立完善共建共管机制，推动企业寻找合适的合作伙伴，发挥当地企业了解当地政策、法律、税务，易于与当地沟通协调等优势，更加高效地推动战略对接、管理一体、技术协同、渠道共享，推动平台、人员、经营模式以及融资的本土化。

6.3　研究的局限性与展望

6.3.1　研究的局限性

154

本书基于文化差异下人员激励体系对国际工程项目的管理绩效的影响而展开，虽然做了一些调查和研究工作，但是限于笔者的水平及研究的条件，本书还有许多值得商榷与有待进一步研究的地方：

1. 调查研究方面

调查问卷题项设计专业性强，可能会造成访问者理解不到位，与设计者初衷相悖；访问对象对知识转移实践不熟悉，或者有开展而不知，导致回答有一定臆断。因此可以造成探索性的因素不具有代表性的问题。从文章构建的人员激励体系来看，由于是在经典人员激励体系的基础之上构建的，而国际工程项目与一般的国际工程项目存在一定的区别，尽管本书也考虑到了文化差异等问题，但是构建的人员激励体系是否真正适用于国际工程项目，还有待后续的进一步研究。比如，本书采用问卷调查的方法收集人员数据，问卷调查过程中难免会存在一些操作不当的问题从而引起结果偏差，同时收集到的样本量也不够大，人员数据的层次性、多样性明显不足，而且仅仅依靠项目人员的微观数据为基础进行分析也不够全面，应该尽量结合行业的宏观经济数据，才能分析得更加透彻。

2. 方法应用方面

本书虽然采用了扎根理论、层次分析法、结构方程模型等方法，但是笔者只是简单掌握，对其内部的数学原理及数据内涵理解还较不透彻，进而可能影响结论和对策。还有本人对人力资源管理和国际工程项目的实践不深入，也可能影响本研究的可操作性和实用性。比如，本书采用层次分析方法评价人力资源激励方式的相对重要性，是以尼日利亚水泥厂项目的副总经理和中层管理者的深度访谈结果为例，虽然尼日利亚水泥厂具有代表性，但是如果选择更多的国际工程项目来验证构建的人员激励体系，结论会更准确。

3. 理论分析方面

限于本人水平，笔者认为在进行嵌入文化差异的人员激励体系对国际工程项目管理绩效的影响逻辑动因分析时，有个别动因理论解释不深入；还有在分析人员激励体系效用时，把文化差异作为调节变量，把员工素质、领导能力和合作信任作为控制变量，这里涉及文化差异的界定与衡量，后面的控制变量也存在量化的问题，这从理论界定上如果采用不同的理论，可能也会产生有差异的结果。同时，为了突出重点，本书对于研究整体的人员激励体系对管理绩效的影响起到了简化作用，但是这种人力资源激励方式的分类可能还不够全面或者分类还不够合理。

6.3.2　研究展望

人员激励体系对国际工程项目管理绩效的研究不一而足，本书只是抛砖引玉，还有许多方面可供研究。依本人愚见，在如下方面还可以进一步细化展开：

（1）文化差异特性的衡量研究，本书对文化差异的界定相对笼统，针对文化差异的定量研究，以及由此产生对人员激励体系和项目管理绩效的作用可进一步探讨。

（2）国际工程项目的类型差异对其项目管理绩效的影响，本书的样本数据基于中非国际工程项目为主，考虑到非洲员工的整体文化水平不高，对问卷的理解认知存在不足（如局限性1），对于不同地区的项目类型，结合不同的文化背景，由此带来的影响是否存在差异则是需要重新采集不同样本，进行深入研究的。

（3）考虑文化差异后建立的人员激励体系，与没有考虑文化差异条件下，分别对国际工程项目管理绩效的影响的比较研究，包括变量间的作用关系及其量化的影响结果，结合（1）用文化差异的量化衡量来阐明影响结果的衡量等，都值得进一步分析研究。

（4）由于笔者所接触的资源相对有限，调研样本以基层员工居多。国际工程项目中，针对调研对象的不同层次，可以展开领导层与员工层不同的作用的定量分析，探讨不同员工层次下，激励手段的有效性及其对国际工程项目管理绩效的影响。

当然，后续的研究不限于此，在经济全球化、文化融合的趋势下这个课题还有更多、更广的领域可以研究。

6.4　本章小结

156

本章首先对全书研究所得出的主要结论，从五个方面进行了综合总结与概括，结合实证分析的相关结论从人力资源激励的结构、文化融合的交流平台、制度建设与员工素质提升等六个方面给出了相应的对策与建议，最后笔者就本书研究的局限性与不足进行阐述，并对未来可能的研究方向与内容做了展望。

参 考 文 献

[1] 白思俊. 中国项目管理的发展现状及趋向 [J]. 项目管理技术, 2003（1）：7 – 11.

[2] 包兴, 赵路正. 煤炭科研院所科技人力资源激励机制探讨 [J]. 煤炭经济研究, 2018, 38（4）：52 – 57.

[3] 彼得·德鲁克著, 齐若兰译. 管理的实践 [M]. 北京：机械工业出版社, 2018：66 – 78.

[4] 波特, 比格利等著, 陈学军等译. 激励与工作行为 [M]. 北京：机械工业出版社, 2006：23 – 34.

[5] 伯纳德·莫斯纳, 巴巴拉·斯奈德曼, 赫茨伯格合著. 工作的激励因素 [M]. 北京：高等教育出版社, 1959：35 – 39.

[6] 卜长莉. 马克思的社会冲突理论及其影响 [J]. 长春理工大学学报（社会科学版）, 2005（2）：113 – 115.

[7] 柴红英, 杨林, 李健. 建立员工职业发展管理系统留住企业优秀人员 [J]. 科学学与科学技术管理, 2005, 26（11）：125 – 128.

[8] 陈光潮, 邵红梅. 波特 – 劳勒综合激励模型及其改进 [J]. 学术研究, 2004（12）：41 – 42.

[9] 陈洁, 黄辉. 团队性激励与知识共享——基于期望理论的理论分析 [J]. 图书情报工作, 2011, 55（16）：103 – 106.

[10] 陈明. 浅析国际工程项目管理中的文化差异影响初探 [J]. 城市建设理论研究（电子版）, 2016（29）：32 – 33.

[11] 陈文. 人力资源激励、组织归属感与工作绩效的关系研究 [D]. 广州：华南理工大学, 2013.

[12] 陈祥槐. 地区亚文化差异及其对人力资源激励的影响 [J]. 科研管理, 2006（5）：124 – 131, 86.

[13] 陈雪飞. 非洲人眼中的中国形象：基于非洲本地媒体视角的

考察 [J]. 国外理论动态, 2014 (3): 68 - 72.

[14] 陈奕林. 基于信任的合同柔性改善项目管理绩效研究 [J]. 科研管理, 2019, 40 (3): 197 - 208.

[15] 陈云娟. 知识型人力资源激励模式新探 [M]. 经济与管理研究, 2004 (3): 69 - 71.

[16] 程铁信, 霍吉栋, 刘源张. 项目管理发展评述 [J]. 管理评论, 2004, 16 (2): 59 - 62.

[17] 崔显峰. 国际工程项目招投标中存在问题及对策分析 [J]. 财经界 (学术版), 2018 (12): 55.

[18] 代聪华. 转型升级"智"启未来——新时代国际工程企业人员培养创新实践 [J]. 国际工程与劳务, 2018 (6): 80 - 81.

[19] 迪尔凯姆著, 石磊译. 论社会分工与团结 [M]. 北京: 中国商业出版社, 2016: 45 - 67.

[20] 丁荣贵. 项目利益相关方及其需求的识别 [J]. 项目管理技术, 2008 (1): 73 - 76.

[21] 杜亚灵, 胡雯拯, 尹贻林. 风险分担对工程项目管理绩效影响的实证研究 [J]. 管理评论, 2014, 26 (10): 46 - 55.

[22] 段万春, 赵夷岭, 尹红. 基于组织承诺的企业科技人力资源激励方式研究 [J]. 科技进步与对策, 2010, 27 (6): 143 - 148.

[23] 方志达. 国际工程项目管理中的文化差异影响初探 [J]. 苏州城市建设环境保护学院学报 (社会科学版), 2001 (1): 36 - 39.

[24] 高明娜, 尹贻林, 闻柠永. 基于信任维持的工程总承包人选择策略建议研究 [J]. 价值工程, 2019, 38 (26).

[25] 官宇翔. 基于平衡记分卡的海外工程项目管理绩效评价研究 [D]. 北京: 北京交通大学, 2017.

[26] 郭峰, 高冬梅. 建设项目协调管理绩效的关键影响因素分析 [J]. 科技进步与对策, 2010, 27 (19): 27 - 31.

[27] 韩玮. 维尔特公司一线人力资源激励因素对工作绩效的影响研究 [D]. 天津: 天津财经大学, 2015.

[28] 何晓群. 多元统计分析: 第四版 [M]. 北京: 中国人民大学出版社, 2015: 258 - 268.

[29] 何兴亚. 关于企业文化与企业制度管理的若干探讨 [J]. 现

代国企研究，2017（8）：275.

［30］贺翠香．承认与蔑视——霍耐特的社会批判理论评析［J］.
现代哲学，2007（3）：55－60.

［31］贺伟，龙立荣．基于需求层次理论的薪酬分类与员工偏好研
究［J］．商业经济与管理，2010（5）：40－48.

［32］赫伯特·斯宾塞著，严复译．社会学研究［M］．北京：世界
图书出版公司，2012：21－32.

［33］赫伯特·西蒙．经济学与行为科学中的决策模型［J］．美国
经济评论，1959（1）：36－38，107.

［34］赫茨伯格，莫斯纳，斯奈德曼，张洪译．赫茨伯格的双因素
理论［M］．北京：中国人民大学出版社，2016.

［35］胡荣．符号互动论的方法论意义［J］．社会学研究，1989
（1）：98－104.

［36］黄健柏，扶缚龙．基于平衡计分卡的项目管理绩效评价模型
研究［J］．当代经济管理，2007，29（1）：88－91.

［37］黄韬睿．国际工程项目前期组管理模式创新与实践——以沙
特K房建项目为例［J］．项目管理技术，2018，16（3）：79－84.

［38］霍曼斯．社会科学的本质［M］．北京：中国国际出版社，
1967：89－97.

［39］吉尔特·霍夫斯泰德等著，王烁等译．文化与组织：心理软
件的力量［M］．北京：电子工业出版社，2019：78－89.

［40］简明，金勇进，蒋妍．市场调查方法与技术：第三版［M］.
北京：中国人民大学出版社，2012：101－106.

［41］蒋冠宏，蒋殿春．中国对外直接投资的区位选择——基于投
资引力模型的面板数据检验［J］．世界经济，2012（9）：21－40.

［42］蒋冠宏．制度差异、文化距离与中国企业对外直接投资风险
［J］．世界经济研究，2015（8）：37－47.

［43］蒋俊正，刘庆华，符强．国际工程教育认证背景下的电子信息
工程专业改革和实践［J］．科教导刊（上旬刊），2018（3）：48－49.

［44］蒋蓉华，周永生，李自如．团队合作与创新激励分析［J］.
系统工程，2003，21（5）：38－42.

［45］焦娅敏．社会冲突理论对正确处理我国社会矛盾的启示［J］.

湖南大学学报（社会科学版），2012，26（1）：133 – 136.

[46] 金晓梅．激励理论在企业管理方面的应用分析 [J]．中国商贸，2014（33）：47 – 49.

[47] 金怡．族群的象征与政治——读科恩《城市非洲的风俗与政治》[J]．西北民族研究，2016（2）：69 – 72.

[48] 卡麦兹（Charmaz，K）著，边国英译．建构扎根理论：质性研究实践指南 [M]．重庆：重庆大学出版社，2009：35 – 38.

[49] 卡麦兹（Charmaz，K）著，边国英译．建构扎根理论：质性研究实践指南 [M]．重庆：重庆大学出版社，2009：22 – 29.

[50] 康飞．项目经理胜任力对项目管理绩效的影响机制研究 [D]．天津：天津大学，2014.

[51] 李超，李伟，张力千．国外新兴产业生命周期理论研究述评与展望 [J]．科技进步与对策，2015，32（2）：155 – 160.

[52] 李和佳，高兆明．社会批判理论的范式演进：从福柯、哈贝马斯到霍耐特 [J]．哲学研究，2008（5）：33 – 39，127.

[53] 李进波，丁雨．代工模式企业如何运用个体行为理论实现以人为本的管理 [J]．商，2011（5）：167，150.

[54] 李军．高校教师绩效管理体系的构建 [J]．高等教育研究，2007（1）：54 – 58.

[55] 李强．知识型企业员工薪酬体系设计的策略与方法 [J]．统计与决策，2008（10）：179 – 181.

[56] 李瑞霞．组织忠诚：知识员工管理的新境界 [J]．统计与决策，2008（9）：148 – 150.

[57] 李向阳，陈旭．企业合作关系治理的理论及分析框架 [J]．学术交流，2009（12）：160 – 163.

[58] 李德勇，陈谦明．基于期望理论的组织人力资源激励机制的多维构建 [J]．西南民族大学学报（人文社会科学版），2013，34（4）：144 – 147.

[59] 李志强．激励制度设计理论：结构架设与功能整合——信息不对称下的激励经济学分析 [J]．生产力研究，2002（4）：26 – 28.

[60] 梁阜，贾瑞乾，李鑫．薪酬体系设计的新理念——基于综合运用激励理论的视角 [J]．东岳论丛，2013，34（4）：131 – 135.

[61] 梁颖琳，向家宇．现代社会交换理论思想渊源述评 [J]．今日南国（理论创新版），2009 (5)：218 - 220.

[62] 林阿妙．双因素理论在人力资源激励中的运用 [J]．中共福建省委党校学报，2010 (7)：44 - 47.

[63] 刘爱东．在华国际工程项目管理绩效管理研究 [D]．上海：复旦大学，2005.

[64] 刘爱珠．国际工程税务管理与风险控制分析 [J]．财经界（学术版），2018 (11)：123 - 124.

[65] 刘波．论企业的精神文化建设 [J]．现代经济探讨，2004 (4)：33 - 35.

[66] 刘雅静．对国际工程项目外派人员薪酬方法选择的研究 [J]．知识经济，2016 (15)：40 - 41.

[67] 柳兴国，张咏梅．基于期望理论的团队沟通模型及满意评价研究 [J]．广西社会科学，2007 (10)：158 - 162.

[68] 鲁直．中外合资企业中的激励与去激励因素研究 [J]．人类工效学，1999 (1)：12 - 17.

[69] 吕永卫，王珍珍．高技能人才薪酬激励效果的实证研究——基于薪酬激励对工作满意度和工作绩效的影响 [J]．工业技术经济，2010，29 (9)：84 - 88.

[70] 罗贤飞，纪成君等．企业组织制度优越性综合评价——基于模糊数学和三角评价模型的分析 [J]．科技管理研究，2010，30 (7)：35 - 37.

[71] 马建斌．工程项目管理绩效评价实证研究 [J]．四川建材，2017，43 (3)：178 - 180.

[72] 马克斯·韦伯著，阎克文译．经济与社会：第一卷/第二卷 [M]．上海：上海人民出版社，2010：56 - 67.

[73] 马智明，王昕杰．系统工程在现代管理理论中的应用 [J]．中州学刊，1993 (5)：42 - 46.

[74] 蒙俊．互联网时代的人力资源激励研究：一种依托文化维系的内在激励模式——以阿里巴巴集团为例 [J]．中国人力资源开发，2016 (16)：16 - 21.

[75] 缪国书，许慧慧．公务员职业倦怠现象探析——基于双因素

理论的视角 [J]. 中国行政管理, 2012 (5): 61 - 64.

[76] 聂增民. 建设工程项目组织系统理论与方法研究——基于项目管理哲学层面的思考 [J]. 建筑经济, 2015, 36 (4): 24 - 27.

[77] 宁瑶瑶. 基于项目集管理视角的大型工程项目管理绩效评价研究 [D]. 青岛理工大学, 2015.

[78] 潘高峰. 输变电工程项目人力资源激励机制研究 [D]. 长春: 吉林大学, 2011.

[79] 裴旭东, 代彦德. 风险分担对工程项目管理绩效影响的实证研究 [J]. 信息记录材料, 2018, 19 (1): 236 - 237.

[80] 彭国甫. 地方政府公共事业管理绩效模糊综合评价模型及实证分析 [J]. 数量经济技术经济研究, 2005 (11): 129 - 136.

[81] 彭生, 缪园. 关于科研事业单位知识型团队绩效评价的实证分析——基于胜任力模型 [J]. 运筹与管理, 2012, 21 (4): 173 - 178.

[82] 彭正龙, 林正平. 在华国际工程项目管理绩效管理的 "4P 模式" [J]. 同济大学学报 (社会科学版), 2002 (6): 33 - 38.

[83] 蒲勇健, 赵国强. 内在动机与外在激励 [J]. 中国管理科学, 2003 (10): 97 - 100.

[84] 让·雅克·拉丰, 大卫·马赫蒂摩. 陈志俊等. 译激励理论: 委托代理模型 [M]. 北京: 中国人民大学出版社, 2002: 67 - 78.

[85] 任剑涛. 从社会抗议、社会理论到社会批判理论——社会思想的三种类型及其递进关系 [J]. 南京大学学报 (哲学·人文科学·社会科学版), 2009, 45 (1): 103 - 119, 143 - 144.

[86] 任洁, 李丹. 基于双因素理论的 "80 后" 人力资源激励薪酬制度研究 [J]. 生产力研究, 2009 (9): 60 - 61, 93.

[87] 任晓明, 李章吕. 贝叶斯决策理论的发展概况和研究动态 [J]. 科学技术哲学研究, 2013, 30 (2): 1 - 7.

[88] 邵军义, 董坤涛, 郭晗. 国际工程项目风险评价研究 [J]. 工程管理学报, 2011, 25 (2): 187 - 190.

[89] 宋福铁, 梁新颖. 企业生命周期理论与上市公司现金股利分配实证研究 [J]. 财经研究, 2010, 36 (9): 123 - 133.

[90] 宋福铁, 屈文洲. 基于企业生命周期理论的现金股利分配实证研究 [J]. 中国工业经济, 2010 (2): 140 - 149.

[91] 塔尔科特·帕森斯著，张明德，夏遇南，彭刚译．社会行动的结构 [M]．南京：译林出版社，2012：45-56．

[92] 陶丽平．系统管理理论在企业管理中的应用 [J]．会计师，2014 (14)：27-28．

[93] 田志龙，熊琪，蒋倩．跨国公司中中国员工面临的跨文化沟通挑战与应对策略 [J]．管理学报，2013 (7)：1000-1015．

[94] 王崇峰，徐强，刘连博，刘刚．有千金尚须一"诺"：组织承诺视角下的高校教师激励 [J]．中国人力资源开发，2014 (19)：74-78，83．

[95] 王华，乔业，施惠斌．基于 BIM 课程体系的建筑工程人员培养模式研究 [J]．教育现代化，2017，4 (2)：17-18．

[96] 王辉，赵飞燕．应用大数据进行供应链管理绩效提升的研究 [J]．物流工程与管理，2019 (3)：106-108．

[97] 王健．财务管理人力资源激励机制研究 [J]．中国管理信息化，2017，20 (20)：108-109．

[98] 王介石．基于利益相关者理论的工程项目治理机制与项目管理绩效关系研究 [D]．芜湖：安徽工程大学，2011．

[99] 王军．不同激励理论在团队激励中的应用 [J]．科技管理研究，2010，30 (19)：106-109．

[100] 王黎萤，陈劲．知识型员工心理契约结构和激励机制 [J]．经济管理，2008 (1)：17-21．

[101] 王丽红．试析企业精神文化建设对企业发展的效用 [J]．中国商贸，2013 (15)：52-53．

[102] 王培玉，傅勇．激励理论在企业管理中的运用 [J]．企业经济，2011，30 (7)：39-41．

[103] 王琦，吴冲．企业社会责任财务效应动态性实证分析——基于生命周期理论 [J]．中国管理科学，2013，21 (S2)：542-548．

[104] 王清刚，徐欣宇．企业社会责任的价值创造机理及实证检验——基于利益相关者理论和生命周期理论 [J]．中国软科学，2016 (2)：179-192．

[105] 王文雪．期望理论与人力资源激励 [J]．企业管理，2011 (9)：82-83．

[106] 王艳梅，赵希男．考虑内在动机的工作设计与激励的模型分析 [J]．管理工程学报，2011，25（3）：111 – 115.

[107] 王垚，尹贻林．工程项目信任、风险分担及项目管理绩效影响关系实证研究 [J]．软科学，2014，28（5）：101 – 104，110.

[108] 王赢，王楠．国际工程总承包（EPC）项目的风险管理研究 [J]．中国水运（下半月），2018，18（3）：123 – 124.

[109] 王永伟．基于安全设计的公共建筑重要性分级评价初探 [D]．重庆：重庆大学，2007.

[110] 王兆斌．企业文化与企业制度解析 [J]．当代电力文化，2017（4）：52 – 53.

[111] 王征宇．工程项目管理团队工作绩效评价方法 [D]．天津：天津大学，2014.

[112] 王智．工作设计的激励作用浅析 [J]．人口与经济，2009（S1）：59 – 60.

[113] 温忠麟，侯杰泰，马什赫伯特．结构方程模型检验：拟合指数与卡方准则 [J]．心理学报，2004（2）：186 – 194.

[114] 吴军，何自云．金融制度的激励功能与激励相容度标准 [J]．金融研究，2005（6）：33 – 46.

[115] 吴先明，黄春桃．中国企业对外直接投资的动因：逆向投资与顺向投资的比较研究 [J]．中国工业经济，2016（1）：99 – 113.

[116] 吴耀宏，吴敏，刘红．知识型企业激励机制的研究 [J]．经济体制改革，2002（4）：84 – 87.

[117] 夏银聚．A 公司国际工程项目人力资源激励机制改进策略研究 [D]．重庆：重庆大学，2014.

[118] 肖缓．基于心理契约的知识型员工行为激励模型 [J]．中国管理科学，2003，11（5）：64 – 69.

[119] 谢礼珊，张燕，凌茜．知识经济时代企业薪酬制度 [J]．中山大学学报（社会科学版），2002，42（6）：70 – 76.

[120] 谢新华．宗教研究范式的比较：社会事实与经验宗教 [J]．民族论坛，2011（14）：83 – 88.

[121] 徐鹏，宁向东．家族企业的公司治理模式——基于契约理论的研究 [J]．学术月刊，2011，43（10）：91 – 96.

[122] 许树柏. 实用决策方法：层次分析法原理 [M]. 天津：天津大学出版社，1988：45-58.

[123] 薛庆根. 基于个体行为理论的企业员工认同感影响因素分析 [J]. 科学经济会，2009，27 (4)：72-74，77.

[124] 亚伯拉罕·马斯洛. 动机和人格 [M]. 广西师范大学出版社，1954：28-29.

[125] 闫森，郭瑜桥，吴文清. 基于工作设计的经营者隐性激励机制研究 [J]. 预测，2013，32 (3)：51-54.

[126] 严边霞. 从薪酬制度看薪酬策略在企业激励中的作用 [J]. 云南社会科学，2003 (S1)：228-229.

[127] 严玲，霍双双，邓新位. 项目治理机制改善公共项目管理绩效的研究——以代建人激励效应为中介变量 [J]. 华东经济管理，2014，28 (2)：137-142.

[128] 严玲，尹贻林，范道津. 公共项目治理理论的概念模型的建立 [J]. 中国软科学，2004 (6)：130-136.

[129] 颜炳罡. 仁·直觉·生活态度——梁漱溟对孔子哲学的创造性诠释 [J]. 东岳论丛，2004 (5)：86-90.

[130] 杨春华. 中外知识型人力资源激励因素比较分析 [J]. 科技进步与对策，2004，21 (6)：168-170.

[131] 杨东进，冯超阳. 保健因素主导、激励因素缺失：现象、成因及启示——基于"80后"员工组织激励的实证研究 [J]. 管理工程学报，2016，30 (2)：20-27.

[132] 杨东奇，李一军. 基于DEA的城市管理绩效评价研究 [J]. 中国软科学，2006 (2)：146-149.

[133] 杨高升，周健，舒欢. 国际工程跨文化风险与项目实施阶段绩效关系研究 [D]. 重庆理工大学学报，2018.

[134] 杨菊兰，杨俊青. 员工整体薪酬感知结构化及其对组织认同的影响——来自双因素理论的解释 [J]. 经济管理，2015，37 (11)：63-67.

[135] 杨军. 国际工程项目人力资源管理 [J]. 中国工程咨询，2009 (8)：40-41.

[136] 杨岚. 论双因素理论在薪酬管理中的应用 [J]. 中国商贸，

2010 (19)：85 - 86.

[137] 杨连星，刘晓光. 中国 QDFI 逆向技术溢出与出口技术复杂度提升 [J]. 财贸经济，2016 (6)：97 - 112.

[138] 杨敏青. 企业薪酬激励与绩效管理探析 [J]. 中国商论，2017 (10)：101 - 102.

[139] 杨培灵，彭尚平. 期望理论和双因素理论在薪酬管理中的应用 [J]. 商场现代化，2009 (4)：332.

[140] 姚春灵. 非洲区域国际工程风险的管理 [J]. 建材与装饰，2018 (28)：151 - 152.

[141] 尹伟. 工程建设项目期中绩效评价研究 [D]. 青岛：青岛理工大学，2017.

[142] 尹贻林，杜亚灵. 公共项目管理绩效改善路径研究 [J]. 经济学动态，2011 (1)：93 - 96.

[143] 尹贻林，王垚. 合同柔性与项目管理绩效改善实证研究：信任的影响 [J]. 管理评论，2015，27 (9)：151 - 162.

[144] 尹贻林，徐志超. 工程项目中信任、合作与项目管理绩效的关系——基于关系治理视角 [J]. 北京理工大学学报（社会科学版），2014，16 (6)：41 - 51.

[145] 尹贻林，徐志超. 信任、合作与工程项目管理绩效关系研究——来自承发包双方独立数据的证据 [J]. 工业工程与管理，2014，19 (4)：81 - 91.

[146] 于双阳. 国际工程项目风险传导关系研究 [D]. 济南：山东大学，2017.

[147] 袁立. 合规经营是提升企业核心竞争力的有力保障 [J]. 国际工程与劳务，2018 (6)：25 - 27.

[148] 袁仕福. 新经济时代需要新企业激励理论——国外研究最新进展 [J]. 中南财经政法大学学报，2012 (5)：75 - 82，143.

[149] 岳咬兴，范涛. 制度环境与中国对亚洲直接投资区位分布 [J]. 财贸经济，2014 (6)：69 - 78.

[150] 张保伟，暴坡，南铁雷. 如何实现国际工程保险理赔 [J]. 国际工程与劳务，2018 (3)：74 - 75.

[151] 张大毛，张艋. 浅论文化差异交际中的民族性格差异 [J].

西南民族大学学报（人文社会科学版），2011，32（S2）：50－52.

［152］张宏如. 心理资本对工作绩效影响的实证研究［J］. 江西社会科学，2010（12）：228－232.

［153］张娟，孟晓莉. 国际工程教育认证范式下的计算机应用基础课程分层分类教学改革研究［J］. 计算机教育，2018（6）：90－93.

［154］张来勇等. 国际工程建设项目管理［M］. 北京：石油工业出版社，2012：1－5.

［155］张伶，张正堂. 内在激励因素、工作态度与知识员工工作绩效［J］. 经济管理，2008（16）：39－45.

［156］张术霞，范琳洁，王冰. 我国企业知识型人力资源激励因素的实证研究［J］. 科学学与科学技术管理，2011，32（5）：144－149.

［157］张望军，彭剑锋. 中国企业知识型人力资源激励机制实证分析［J］. 科研管理，2001，22（6）：90－96.

［158］张雯. 中国对外承包项目国际化程度对项目管理绩效影响研究［D］. 天津：天津大学，2012.

［159］张翔. 基于逻辑模型的海外发电运营项目的绩效影响因素研究［J］. 西安交通大学学报（社会科学版），2012，32（6）：25－29，44.

［160］张毅. 国际工程项目人力资源管理研究［J］. 低碳世界，2016（12）：233－234.

［161］赵成方. 弗鲁姆期望理论对80后员工管理的启示［J］. 人员资源开发，2009（3）：104－105.

［162］赵峰，甘亚雯. 高新技术企业新生代知识型人力资源激励问题研究［J］. 科学管理研究，2017（6）：93－96.

［163］赵婧，李朋波. 创业团队关系治理研究述评与展望［J］. 中国人力资源开发，2015（5）：33－41.

［164］赵莉. 加强企业文化建设增强企业凝聚力［J］. 知识经济，2017（8）：109，111.

［165］赵士德，田金信，薛小龙. 高层管理团队有效管理——从团队激励视角分析［J］. 现代管理科学，2009（12）：12－13.

［166］赵世君. 论企业管理控制制度设计与实施中的协调与激励［J］. 财会通讯，2006（1）：20－24.

［167］赵曙明. 国际工程项目在华面临的挑战：文化差异与文化差异管理［J］. 管理世界，2013（3）：76-81.

［168］钟炜，李粒萍. BIM 工程项目管理绩效评价指标体系研究［J］. 价值工程，2018，37（2）：40-43.

［169］周必凯. 简论国际港口与航道工程计量管理［J］. 项目管理技术，2018，16（6）：68-72.

［170］周月萍. 国际工程劳务用工属地化管理的法律视角［J］. 施工企业管理，2018（3）：99-100.

［171］朱峰. 归因理论及归因偏差在人力资源管理中的应用［J］. 赤峰学院学报（汉文哲学社会科学版），2013，34（3）：41-43.

［172］宗芳宇，路江涌，武常歧. 双边投资协定、制度环境和企业对外直接投资区位选择［J］. 经济研究，2012（5）：71-82.

［173］左艳. 层次分析法在 ERP 选型评价中的应用［J］. 集团经济研究，2007（19）：312.

［174］S. S. 侯百纳（S. S. Huebner）著，孟朝霞等译. 人寿保险经济学［M］. 北京：中国金融出版社，1997.

［175］Adams J S. Toward an understanding of equity［J］. Journal of Abnormal and Social Psychology，1963，67：422-436.

［176］Agung G S. Effect of Performance Assessment on Employee Motivation in Hotel X Bandung［J］. Binus Business Review，2010：547-555.

［177］Ahn H S，Usher E L，Butz A et al. Cultural differences in the understanding of modeling and feedback as sources of self-efficacy information［J］. British Journal of Educational Psychology，2016，86（1）：112-136.

［178］Aibinu A A. The relationship between distribution of control，fairness and potential for dispute in the claims handling process［J］. Construction Management and Economics，2006，24（1）：45-54.

［179］Amaratunga D. Assessment of facilities management performance［J］. Property Management，2000，18（18）：258-266.

［180］Andreja K. How to Motivate Employees［J］. Revija za Univerzalno，2014：10-21.

［181］Ang S，Slaughter S A. Work outcomes and job design for contract versus permanent information systems professionals on software development teams [J]. MIS Quarterly, 2001, 3: 321 –350.

[182] Anton van Hooff. Paetus. It Does Not Hurt: Altruistic Suicide in the Greco – Roman World [J]. Archives of Suicide Research, 2004, 8 (1).

[183] Armstrong M. A handbook of human resource management practice [M]. UK: Coggan Page Ltd. , 2006.

[184] Ayoko O B, Hartel C E J. Cultural Differences at Work: How Managers Deepen or Lessen the Cross – Racial Divide in their Workgroups [J]. Queensland Review, 2000, 8 (1): 77 –87.

[185] Beecham S, Baddoo N, Hall T. Robinson H, Sharp H. Motivation in software engineering: a systematic literature review [J]. Information and Software Technology, 2008, 50 (9 –10): 860 –878.

[186] Brantlinger, Ellen A, Guskin, Samuel, L. Implications of Social and Cultural Differences for Special Education with Specific Recommendations [J]. Focus on Exceptional Children, 2018, 18 (1): 1 –12.

[187] Chen L, W Fong. Evaluation of knowledge management performance: An organic approach [J]. Information & Management, 2015 (1): 431 –453.

[188] Cheung S O, Yiu T W. Lam M. C. Interweaving Trust and Communication with Project Performance [J]. Journal of Construction Engineering and Management, 2013, 139 (8): 941 –950.

[189] Chong M L, Glennda S, Alina L. The effects of organizational politics on employee motivations to participate in target setting and employee budgetary participation [J]. Journal of Business Research, 2018 (5): 247 –259.

[190] Dai N, Nahata R. Cultural differences and cross-border venture capital syndication [J]. Journal of International Business Studies, 2016, 47 (2): 140 –169.

[191] Demarco T, Lister T. People ware: Productive Projects and Teams, 2nd Ed [M]. New York: Dorset House, 2008.

[192] Doloi H. Twinning Motivation, Productivity and Management Strategy in Construction Projects [J]. Engineering Management Journal, 2007, 19 (3): 30 –40.

[193] Dwivedula R, Bredillet N C. Profiling work motivation of Project Workers [J]. International Journal of Project Management. 2010, 28: 158 – 165.

[194] Endayani F. The effect of quality of Work – Life and motivation on employee engagement with job satisfaction as an intervening variable [J]. Russian Journal of Agricultural and Socio – Economic, 2018 (2): 108 – 114.

[195] Ferratt T W, Short L E. Are Information Systems People Different: An Investigation of Motivational Differences [J]. Management Information Systems Quarterly, 1986, 10 (4): 377 – 387.

[196] Foote D A, Seipel S J, Johnson N B et al. Employee Commitment and Organizational Policies [J]. Management Decision, 2005, 43 (2): 203 – 219.

[197] Germann M. Influence of project managers on the motivational factors of a project team [C]. Paper Presented at the 13th International Conference on Management of Technology IAMOT, Washington, DC. 2004. 4.

[198] Goodenough D O et al. A review of stakeholder management performance attributes in construction projects [J]. International Journal of Project Management, 2017: 1037 – 1051.

[199] Graham J, Meindl P, Beall E et al. Cultural differences in moral judgment and behavior, across and within societies [J]. Current Opinion in Psychology, 2016, 8: 125 – 130.

[200] Graham L. People and Profit [J]. New Zealand Manufacturer, 1998, 6: 24 – 25.

[201] Grant A M. Relational Job Design and the Motivation to Make a Prosocial Difference [J]. Academy of Management Review, 2007, 32 (2): 393 – 417.

[202] Gray D E. Doing Research in the Real World, Second Edition [M]. London: SAGE, 2009.

[203] Gregory R, William Y et al. William. Business Intelligence Effectiveness and Corporate Performance Management: An Empirical Analysis [J]. Journal of Computer Information Systems, 2019: 188 – 196.

[204] Guiso L, Herrera H, Morelli M. Cultural Differences and Insti-

tutional Integration ［J］. Journal of International Economics, 2016, 99: S97 – S113.

［205］ Haan G. The development of ESD – related competencies in supportive institutional frameworks ［J］. International Review of Education, 2010, 56: 2 – 3.

［206］ Hall T, Baddoo N, Beecham S, Robinson H, Sharp H. A systematic review of theory use in studies investigating the motivations of software engineers ［J］. ACM Transactions on Software Engineering and Methodology, 2009, 18 (3): 48 – 77.

［207］ Harackiewicz J M, Manderlink G A process analysis of the effects of performance-contingent rewards on intrinsic motivation ［J］. Journal of Experimental Social Psychology, 1984, 20 (6): 531 – 551.

［208］ H. Blumer. Symbolic Inderactionism ［M］. University of California Press, 1969.

［209］ Herbert Marcuse. Hegel's Ontology and Theory of Historicity ［M］. The Mit Press, 1932.

［210］ Huemann M. Considering Human Resource Management when developing a project-oriented company: Case study of a telecommunication company ［J］. International Journal of Project Management, 2010, 28: 361 – 369.

［211］ Humphreys P, Mcivor R, Chan F. Using case-based reasoning to evaluate supplier environmental management performance ［J］. Expert Systems with Applications, 2003, 25 (2): 141 – 153.

［212］ Hwang B G, Wei J N. Project management knowledge and skills for green construction: Overcoming challenges ［J］. IEEE Engineering Management Review, 2013, 31 (2): 272 – 284.

［213］ Jeffrey K P, Dennis P S, Brent E. Trust in Projects: An Empirical Assessment of owner/Contractor Relationships ［J］. International Journal of Project Management, 2009, 27 (6): 638 – 648.

［214］ Jonas D. Empowering project portfolio managers: How management involvement Impacts project portfolio management performance ［J］. International Journal of Project Management, 2010, 28 (8): 818 – 831.

［215］ Kast F E. Organization and management. N. Y: McGraw – Hill Book Co, 2002, 4, 10: 1 – 104.

［216］ Kim S Y, Kim J D, Shin Y, Kim G H. Cultural differences in motivation factors influencing the management of foreign laborers in the Korean construction industry ［J］. International Journal of Project Management, 2015, 33 (7): 1534 – 1547.

［217］ Kluger A N, DeNisi A. The effects of feedback interventions on performance: a historical review, a met analysis, and a preliminary feedback intervention theory ［J］. Psychological Bulletin, 1996, 199 (2): 254 – 284.

［218］ Locke E A, Latham P. Work motivation and satisfaction: Light at the end of the tunnel ［J］. Psychological Science, 1990, 1 (4): 240 – 246.

［219］ Matzler K, Strobl A, Stokburger – Sauer, N., et al. Brand personality and culture: The Role of cultural differences on the impact of brand personality perceptions on tourists' visit intentions ［J］. Tourism Management, 2016, 52: 507 – 520.

［220］ Meng X H, Gallagher B. The Impact of Incentive Mechanisms on Project Performance ［J］. International Journal of Project Management, 2012, 30 (3): 352 – 362.

［221］ Mierlo H V, Rutte C G, Vermunt J K, Kompier M, Dooreward J A M C. Individual autonomy in work teams: The role of team autonomy, self – efficacy, and social support ［J］. European Journal of Work and Organizational Psychology, 2006, 15 (3): 281 – 299.

［222］ Milkovich G T, Newman J M. Compensation ［M］. 7th ed. New York: McGraw – Hill, 2002.

［223］ Mir F A, Pinnington A H. Exploring the Value of Project Management: Linking Project Management Performance and Project Success ［J］. International Journal of Project Management, 2014, 32 (2): 202 – 217.

［224］ Mirvis, Marks. Managing the Merger, Making it Work ［M］. New York: Simon & Schuater Inc., 1992: 341 – 342.

［225］ Müller R, Turner R. Leadership competency profiles of successful project managers ［J］. International Journal of Project Management,

172

2010, 28 (5): 437 - 448.

[226] Odunayo S et al. Data regarding talent management practices and innovation performance of academic staff in a technology-driven private university [J]. Data in Brief, 2018 (5): 1040 - 1045.

[227] Panagiotakopoulos A. The impact of employee learning on staff motivation in Greek small firms: the employees' perspective [J]. Development & Learning in Organizations, 2013, 27 (2): 13 - 15.

[228] Park B K, Tsai J L, Chim L, et al. Neural evidence for cultural differences in the Valuation of positive facial expressions [J]. Social Cognitive & Affective Neuro science, 2016, 11 (2): 243.

[229] Peterson T M. Motivation: How to Increase Project Team Performance [J]. Project Management Journal, 2007, 18 (4): 60 - 69.

[230] Price A F, Bryman A, Dainty A R J. Empowerment as a strategy for improving construction performance [J]. Leadership and Management in Engineering, 2004, 4 (1): 27 - 37.

[231] Quanyong Y. A Novel Management Strategy for Project Item in an International Environment [J]. International Forum on Computer Science - technology & Applications IEEE, 2009.

[232] Reeves D B. The Daily Disciplines of Leadership: How To Improve Student Achi-evement, Staff Motivation, and Personal Organization. The Jossey - Bass Education Series. [J]. Jossey - Bass, 2005 (12): 249.

[233] Roberts J, Hann I, Slaughter S A. Understanding the motivations, participation and performance of open source software developers: a longitudinal study of the Apache Projects [J]. Management Science, 2006, 52 (7): 984 - 999.

[234] Sadeghi H et al. Evaluating Project Managers by an Interval Decision - Making Method Based on a New Project Manager Competency Model [J]. Arabian Journal for Science & Engineering, 2014, 39 (2): 1417 - 1430.

[235] Sanvido V, Grobler F, Parfitt K, Guvenis M & Coyle M. Critical success factors for construction projects. Journal of Construction Engineer-

ing and Management, 1985, 118 (1): 94 – 111.

[236] Sliwka D. On the hidden costs of incentive schemes [J]. IZA Discussion Paper, No. 844. Bonn: Institute for the Study of Labor, 2003.

[237] Spreitzer G M. Social Structural Characteristics of Psychological Empowerment [J]. Academy of Management Journal, 1996, 39 (2): 483 –504.

[238] Staren E D. Optimizing staff motivation [J]. Physician Executive, 2009, 35 (4): 74.

[239] Stephen J, Wood, Toby D Wall. Work enrichment and employee voice in human resource management-performance studies [J]. International Journal of Human Re-source Management, 2007, 18 (7): 1335 – 1372.

[240] Thite M. Leadership styles in information technology projects [J]. International Journal of Project Management, 2000, 18 (4): 235 – 241.

[241] Tsai J L, Ang J Y Z, Blevins E et al. Leaders' smiles reflect cultural differences in ideal affect [J]. Emotion, 2016, 16 (2): 183.

[242] Turner J R, Mueller R. On The Nature of The Project as A Temporary Organization [J]. International Journal of Project Management, 2003, 21 (1): 1 – 8.

[243] Turner R, Anbari F, Bredillet C. Perspective on research in project management: the nine schools [J]. Global Business Perspectives, 2013, 1 (1): 3 – 28.

[244] Urbach F. When proactively produces a power struggle: how supervisor' power motivation affects their support for employee' promotive voice [J]. Taylor journal, 2018: 280 – 295.

[245] Wang Y, Lo H P, Chi R et al. An integrated framework for customer value and customer-relationship-management performance: a customer-based perspective from China [J]. Journal of Service Theory & Practice, 2004, 14 (2/3): 169 – 182.

[246] Westerveld E. The project excellence model: Linking success criteria and critical success factors. International Journal of Project Management, 2003, 21 (6): 411 –418.

[247] Wiek A, Withycombe L, Redman C L. Moving forward on com-

petencies in sustainability [J]. Environment – Sci Policy Sustain Dev, 2011, 53: 3 – 13.

[248] Wiley C. What Motivations Employees According to Over 40 Years of Motivation Surveys [J]. International Journal of Manpower, 1997, 18 (3): 263 – 280.

[249] Williams N & Ferdinand N P & Croft R. Project management maturity in the age of big data. International Journal of Managing Projects in Business [J]. 2014, 7 (2): 311 – 317.

[250] Yigit K et al. A new holistic conceptual framework for green supply chain management performance assessment based on circular economy [J]. Journal of Cleaner Production, 2018: 1282 – 1299.

[251] Zhenyou L, Jishan H, Mengjun W. Improving Internationally Core Competences Based on the Capabilities of Precise and Accurate Project Management [J]. Frontiers of Engineering Management, 2016: 231 – 238.

附录

调查问卷——中非国际工程项目管理绩效影响因素的调查

尊敬的女士/先生：

您好！非常感谢您在百忙中抽出时间参与本次问卷调查！您所提供的信息仅用于此次调查与分析，我们会对您的个人信息保密。非常感谢您的支持和参与！本问卷为自填式问卷，请在您认为合适的选项上填写或打钩（√）。

一、个人基本信息

1. 您的性别：A. 男　　B. 女

2. 您的年龄：A. 20 岁及以下　B. 21～30 岁　C. 31～40 岁 D. 41～50 岁　E. 51 岁以上

3. 您的国籍：_____

4. 您的婚姻状况：A. 未婚　B. 已婚　C. 离婚　D. 丧偶

5. 您的受教育程度：A. 初中及以下　B. 高中　C. 大专　D. 本科 E. 硕士及以上

6. 您参与国际工程项目工作的经验：A. 1 年及以内　B. 2～5 年 C. 6～10 年　D. 11～15 年　E. 16 年以上

7. 您在项目中的职位：A. 项目经理　B. 部门经理　C. 普通职能管理者　D. 专业技术人员　E. 普通工人　F. 其他

二、项目的基本情况

8. 项目投资规模：20 亿美元及以下/21 亿～30 亿美元/31 亿～40 亿美元/41 亿～50 亿美元/51 亿美元及以上

9. 项目人员人数：200 人及以下/201～400 人/401～600 人/601～800 人/801 人及以上

10. 项目建设周期：2 年及以下/3～4 年/5～6 年/7～8 年/9 年及以上

三、项目管理绩效评价

请对以下表述进行评分，1 代表非常不赞同、2 代表比较不赞同、3 代表一般、4 代表比较赞同、5 代表非常赞同。

11. 项目成果

测量项目	1	2	3	4	5
能够实现项目建设的预定目标					
建成后项目的质量符合要求					
建成后项目的规模符合要求					
建成后项目的盈利可观					

12. 建设效率

测量项目	1	2	3	4	5
项目能够比原定计划提前完成					
项目建设方案执行顺利					
基本能够遵循项目管理制度					
项目资本投入的有效利用率较高					

13. 员工满意度

测量项目	1	2	3	4	5
大多数员工对从项目中获得的利益感到满意					
大多数员工对从项目中获得的利益感到满意					
大多数员工对自己担任的职位角色感到满意					

14. 社会影响

测量项目	1	2	3	4	5
项目成果对地区经济发展有一定促进作用					
项目成果对地区就业改善有一定促进作用					
项目成果对地区科技进步有一定促进作用					

15. 环境影响

测量项目	1	2	3	4	5
项目能够有效地利用自然资源					
项目对环境产生的污染很少					

四、人力资源激励方式

请对以下表述进行评分，1 代表非常不赞同、2 代表比较不赞同、3 代表一般、4 代表比较赞同、5 代表非常赞同。

16. 内在性激励

测量项目	1	2	3	4	5
我认为我的工作为国际经济关系的发展做出了贡献					
我认为参与国际工程项目建设提升我的社会地位					
我认为参与国际工程项目建设能提高我的综合能力					
国际工程项目建设工作带来的挑战吸引着我					

17. 外在性激励

测量项目	1	2	3	4	5
丰厚的薪水和奖金激励着我参与项目建设					
各类社会保障（如五险一金）的提供激励着我参与项目建设					
带薪休假、补贴、公开表扬等人性化公司制度激励着我参与项目建设					
良好工作环境、和谐的同事关系和热心的领导激励着我参与项目建设					
培训学习机会、晋升机会和参与公司决策机会激励着我参与项目建设					

五、项目管理绩效的影响变量

请对以下表述进行评分，1 代表非常不赞同、2 代表比较不赞同、3 代表一般、4 代表比较赞同、5 代表非常赞同。

18. 工作绩效

测量项目	1	2	3	4	5
我能按时完成工作任务					
我能高质量地完成工作任务					
我在岗位职责外也对项目做出了贡献					
为更好建成项目我花了较多精力强化自身技能					

19. 文化差异

测量项目	1	2	3	4	5
参与合作的各国企业在组织结构上有较大差异					
参与合作的各国企业或员工在项目管理方式上有较大差异					
参与合作的各国企业或员工在项目执行能力上有较大差异					
参与合作的各国企业或员工在项目决策行为上有较大差异					

20. 企业制度

测量项目	1	2	3	4	5
参与合作企业的人员招聘制度合理有效					
参与合作企业的权责配置制度合理有效					
参与合作企业的信息披露制度合理有效					
参与合作企业的利润分配制度合理有效					

21. 员工素质

测量项目	1	2	3	4	5
项目的大部分员工专业实力较强					
项目的大部分员工的综合素质较高					
项目的大部分员工对自己的岗位职责有着清楚了解					

22. 领导能力

测量项目	1	2	3	4	5
企业领导或项目负责人的管理能力较强					
企业领导或项目负责人的决策能力较强					
企业领导或项目负责人的声望较高					

23. 合作信任

测量项目	1	2	3	4	5
项目合作方之间的默契程度较高					
项目合作方之间相互信任					
项目合作方之间的利益一致性较强